# 速读日本文化

（日）大久保乔树 —— 主编
（日）中野明 —— 著
杜红 —— 译

文化发展出版社
Cultural Development Press

## 图书在版编目（CIP）数据

速读日本文化／（日）大久保乔树主编；（日）中野明著；杜红译．－－北京：文化发展出版社有限公司，2017.11
ISBN 978-7-5142-1934-0

Ⅰ．①速… Ⅱ．①中… ②杜… Ⅲ．①文化研究-日本 Ⅳ．① G131.3

中国版本图书馆 CIP 数据核字（2017）第 228094

NANAMEYOMI NIPPON BUNKARON by Akira Nakano / Takaki Ohkubo
Copyright © 2015 Akira Nakano
All rights reserved.
Original Japanese edition published by Asahi Shimbun Publications Inc.

This Simplified Chinese edition is published by arrangement with Asahi Shimbun Publications
Inc., Tokyo in care of Tuttle-Mori Agency, Inc., Tokyo.

著作权合同登记 图字：01-2017-6602

## 速读日本文化

主　　编：[日]大久保乔树
著　　者：[日]中野明
译　　者：杜　红
出 版 人：武　赫
责任编辑：周好好
责任印制：邓辉明
装帧设计：尚燕平

出版发行：文化发展出版社（北京市翠微路2号　邮编：100036）
网　　址：www.wenhuafazhan.com
经　　销：各地新华书店
印　　刷：北京顶佳世纪印刷有限公司
开　　本：787mm×1092mm　1/32
字　　数：100千字
印　　张：7.5
印　　次：2017年11月第1版　2017年11月第1次印刷
定　　价：39.00元
ＩＳＢＮ：978-7-5142-1934-0

◆ 如发现任何质量问题请与我社发行部联系。发行部电话：010-88275710

# 目录
速读日本文化

\* 序言
**速读日本文化**
**之诚荐**……001

01《武士道》……003
成书于《坡上云》时代的日本精神的本质为何?

\* **Chapter 1**
**将日本文化推向世界**
**的三大名著**

02《茶之书》……011
清饮一服茶,体悟"虚"之道。

03《代表性的日本人》……021
精神可比肩西方伟人的五位日本人分别是谁?

04《禅与日本文化》……035
将"ZEN"传遍世界的禅学思想的入门书。

\* **Chapter 2**
**探寻日本人的**
**精神构造**

05《弓与禅》……043
德国哲学家从弓道修习中参悟出的禅学思想为何。

06《地狱的思想》……051
人生即是苦恼,即是地狱。当人类直面地狱时便能孕育出优秀的文化。

07《远野物语》……061
献给已成为外国人的日本人,山神与山民的传说。

08《被遗忘的日本人》……069
"行走于世的民俗学家"描绘正逐渐消失的平民生活文化。

09《日本人的传说与心灵》……079
从日本民间故事中解读西方的自我与日本式的自我。

10《日本风景论》……091
看看日本的风景！这才是日本引以为傲的至宝。西方的自我与日本式的自我。

＊ **Chapter 3**
何为日本
风土的特性

11《风土》……099
从风土中阐明日本人的文化特性与日本文化的深层特质。

12《文明的生态史观》……107
揭示日本与欧洲平行并进的根据。

13《日本边境论》……117
日本人是边境人，就应活出边境人的样子。

14《"粹"的构造》……129
啊，是粹！"粹"背后的哲学思考。

＊ **Chapter 4**
试论日本之美

15《阴翳礼赞》……137
谷崎眼中东洋神秘的本质，正是"阴翳"。

16《我在美丽的日本》……143
《我在美丽的日本》作品本身就演绎了一种极致之美。

17《日本美的再发现》……151
从桂离宫发现日本之美的德国建筑学家。

18《民艺四十年》……159
柳宗悦的审美之眼正是超越了二元论的"日本之眼"。

19《日本的传统》……167
反对怀古主义，凝视日本的传统，创造出全新的价值。

20《论"可爱"》……173
"可爱"背后潜藏着奇异与怪诞，你察觉到了吗？

21《菊与刀》……183
西方文化与日本文化分属"罪感文化"与"耻感文化"。

\* Chapter 5
支撑日本人与
日本社会成立
的东西

22《日本的思想》……191
日本的思想构造是"章鱼罐型"。其问题点为何？

23《竖型社会的人际关系》……199
竖型社会与横向社会，你喜欢哪一种呢？

24《日本人与犹太人》……207
畜牧民眼中的农耕型边境民的特性为何？

25《依赖心理的结构》……215
依赖心理有两种，健康的依赖心理与病态的依赖心理。

\* 后记
精读日本文化
的建议……225

# 序言 速读日本文化之诚荐

## 日本文化是"黑暗中的象"

本书《速读日本文化》是从众多以日本、日本人和日本文化为主题的著作（本书将这类著作通称为日本文化论）中，精心挑选了广为流传、极具话题性且被认为是一般通识类的经典著作，介绍其核心概要。

其实，日本文化就像是"黑暗中的象"。"黑暗中的象"是起源于南亚的寓言，讲述了盲人们摸象的故事。

盲人们在摸完象后，各自提出了不同的评论。例如，摸到大象鼻子的男人如是说道："这是一条巨蛇。"

另一位摸到象腿的男人如是说道："不不不，这绝对是一根柱子。"

又有另一位男人说道："怎么可能，这明明就是一条绳子。"

至此，想必大家已经猜到了，这位男子摸到的是大象的尾巴。

如此看来,要想拨云去雾,看清庐山的真面目其实是一件非常困难的事。若想方设法去理解,就会像上述的男人一般,对于"象"这一实体有着各种各样截然不同的评价和判断。

可以说日本文化就像这"黑暗中的象",其全貌至今也未得甚解,依然处在黑暗之中。

前人们为了掌握日本文化的要义,如同字面意思一般,在黑暗中不断摸索。其结果则是,迄今为止,许多学者提出了各种各样的日本文化论,可以说是百家争鸣。

请大家不要误解,我并非想说前人们就是盲人。只不过他们奋力格斗的对象恰巧是"黑暗中的象",因此,无论多么优秀的人,也只能举起灯光照亮"象"身的一部分,以此展开各自视角的日本文化论。

这样一来,想要了解日本文化论全貌的读者,就只能尽可能多地接触从各种不同角度论述日本文化的文章。

也许只有这样,才能更接近"何谓日本文化"这一问题的正解。

## 一口气读完5大主题的名著

虽说如此,但要逐一读完各式各样的日本文化论,就连这一领域的专家也极难做到。

更何况是非专家的普通读者,对于很多人来说,甚至不知道应该从哪一部日本文化论入手才好。

这时就该本书登场了。

如一开始所提到，本书精选了25部曾经引发热议，且被认为是一般通识教养的日本文化论书籍，每一部都是从不同的视点和角度论述日本文化的珠玉之作。

本书针对每一部作品，除了附上100字的摘要和作者简介外，也介绍每一部书的内容概要。也就是说，本书最主要的目的就是帮助读者通过速读，一口气理解这25部日本文化著作。

诚然，若将精选的著作按照五十音的顺序或成书年代先后依次进行介绍，这未免单调。对读者来说，也将缺少些阅读的乐趣。

因此，本书设定了5大主题，并搜罗了与每个主题相符的书籍。这样一来，所选的日本文化论著间的关系便能一目了然，同时读者也能更好地理解各部论著间的相对位置。

此外，相较于一本一本阅读日本文化论，作者希望通过这样的方式能帮助读者提高理解力。

具体而言，分章归纳了以下5大主题。

首章是"Chapter 1 将日本文化推向世界的三大名著"，选取了将日本文化介绍到世界的三部名著，是首次接触日本文化论时的必读作品。

接下来在"Chapter 2 探寻日本人的精神构造"中，介绍了从禅学、佛教、民俗学和心理学等不同领域论述日本文化精神的书籍。

再者，在"Chapter 3 何为日本风土的特性"中收录了从地理层面论述日本文化特征的书籍。

继而在"Chapter 4 试论日本之美"中，如该主题所示，介绍了深入考察日本之美的日本文化论著。

最后是"Chapter 5支撑日本人与日本社会的成立的东西"，这里则介绍了从多样的角度论述日本文化特征的著作。

一口气读完上述书籍，也许能拨开云雾，从一定程度上掌握日本文化的全貌。

若只将本书作为一本读物，未免有些可惜，因此希望读者能发展性地应用本书进行延伸阅读。关于这一点，在《后记 精读日本文化论的建议》中进行了详细说明。

此外，各章最后都插入了《专栏 外国人眼中明治时代的日本》，介绍明治时期接触日本文化的外国人所著的见闻录。

赘述如上。接下来，请各位读者尽情享受本书《速读日本文化》，更进一步了解日本民族的文化内涵与自我认同。

# Chapter / 1

将日本文化推向世界的三大名著

《武士道》
新渡户稻造著,矢内原忠雄译
(岩波文库/1938年)

## 100字摘要

在欧美求学的作者用英文阐释日本人的道德基础「武士道」。通过「义」「勇」「仁」「礼」等术语解析武士道的特征。列举诸多事例论证武士道的本质可比肩西方思想的精神。

## 新渡户稻造 (1862～1933)

札幌农学校（今北海道大学）毕业后，远渡欧美留学。回日后历任札幌农学校教授、东京帝国大学（现东京大学）教授等。

## 01 / 《武士道》

成书于《坡上云》时代的日本精神的本质为何？

## 武士道的本质为何

论述日本文化的书籍不胜枚举,其中必读的著作,便是本书精选的开篇第一部《武士道》。

作者新渡户稻造。没错,就是前一版5000日元纸币的币面人物。

新渡户曾就读于因首任校长克拉克博士留下校训"青年们,要胸怀大志"而声名远播的札幌农学校,后进入东京大学学习。明治17年(1884),22岁的新渡户留学美国学习农政与经济,是一位有才有志的青年。

之后,他继续留学欧洲,回国后任教于札幌农学校。但身为教授事务过于繁重,因过度劳累忙坏了身体,后为了调养身体而辞掉了教职,远赴美国静养。

久病赋闲的新渡户为了消遣时间,开始提笔写作关于武士道的著作,这便是不久后问世的《武士道》。

原著是英文版本,明治33年(1900)由美国的出版社出版发行。今天我们读到的《武士道》是之后增订发行的日译版本。

接下来,让我们一起共睹原作的风采。首先映入眼帘的是一段令人沉醉的文字。

"武士道,如同它的象征樱花一样,是日本土地上固有的花朵。它并不是保存在我国历史的植物标本集里面的已干枯了的古代美德的标本。它现在仍然是我们中间力量与美的活生生的对象。"[1]

新渡户开篇便直言武士道不是植物标本集中干枯的标本,时至今日仍然是日本人力与美的象征,活力如初,生生不息。

此外,新渡户将武士道的本质定义为伴随武士阶级身份而来的义务,也是武士应该必须要遵守的"道德规范"。

书中新渡户提到,这种规范的特征是"不言不文"。也就是说不存在成文的法则和法规,至多是口口相传,或不过是少数几位著名武士留下的格言。

换言之,不成文的规范是铭刻在武士内心深处的法律,这正是武士道。而且这并非是单纯的信条,而是一直以来被人躬身践行,始终发挥着强大的效力。

因此,新渡户甚至断言,对日本人而言,道德史上的武士道,其地位等同于政治史上的英国宪法。

---

[1] 新渡户稻造著,矢内原忠雄译《武士道》(岩波文库,1938年)P25。

**形成武士道的精神**

那么,形成武士道的具体的精神是什么呢?为了对这一点加以说明,新渡户在《武士道》中分下列四点进行了具体阐述。

①武士道的起源与渊源

②武士道的特性与教诲

③武士道对民众的感化

④感化的持续性与永久性

其中第二点"武士道的特性与教诲",是新渡户在《武士道》中花费最多篇幅进行阐述的章节。在这一章中,新渡户提出了象征武士道的关键词,由此说明其特性。

关键词是"义""勇""仁""礼""诚""名誉""忠义""克己"。

对武士而言,没有什么比卑劣的行为和不当的举止更令人厌恶。拼尽全力避免这样的行为和举止,该死之时就赴死,该战之时就应战,这样的态度称之为"义"。

与"义"如双生子一般的是"勇"。正如成语"见义勇为"所定义的一般,"勇就是做有义之事"。话虽如此,贸然冲入战场战死并非是勇。该生之时便生,该死之时便死,这才是真正的勇。

接下来是"仁"。王者始终以爱、宽容、爱情与同情为品德。

这些总称为"仁"。正如中国儒学家反复强调的一样,仁是统治者万不可或缺的重要素质。

再者是"礼",意为对外表现出来的对他人的体贴与关怀。新渡户还说,"礼"意味着对适当的事物给予适当的尊敬,进而对相应的社会地位也给予相应适当的尊敬。

虽说如此,但若"礼"没有伴随着真实与诚实,也就是说如果没有"诚",那所谓的"礼"就会是一个笑话。因此,先有"诚",则"礼"才成立。

此外,新渡户还提到武士道重"名誉",尊"忠义"。加之"克己",也就是自己战胜自己,如此一来日本人才能养成上述的武士道精神。

---

● 什么是武士道?

"武士道规范",也就是伴随着武士阶级的身份而来的义务。

( 义 )  ( 勇 )  ( 礼 )  ( 诚 )  ( 名誉 )  ( 忠义 )  ( 克己 )

---

**对西方列强抱有强烈的意识**

就像这样,新渡户如此投入地解读武士道,并且在字里行间无不流露出将武士道与西方思想相互比较的意图。

如前所述,他将武士道对比英国宪法。其次,身为基督徒的新渡户,在书中将武士道与基督教教义相互比较也丝毫不足为奇。

此外,新渡户也提到苏格拉底、柏拉图、莎士比亚和尼采等古今哲学家与作家的思想,试与武士道对比论述。

这些对比论述的共通点是贯穿了新渡户的主张,即武士道的本质实际上可以比肩欧美各国的思想,甚至较之更加优越。

值得注意的是《武士道》的出版时间。明治27年(1894),中日甲午战争爆发,10年后的明治37年(1904)又爆发了日俄战争。当时以农业和生丝生产赖以生存的日本,为了能与欧洲列强并驾齐驱,正处在心无旁骛、一心向前、奋力奔跑与发展的时代。

对于经历了日俄战争年代的人们,小说家司马辽太郎在他的名作《坡上云》中,如下描述了当时的时代氛围:

"坡顶上的蓝天若闪耀着一朵白云,那么就望着那白云慢慢爬上坡去吧。"[①]

当时的日本,正以坡顶上那白云为目标,拼尽全力地想要爬上漫长的坡道。为了能比肩西方列强,吃尽了苦头。

正是在《坡上云》成书的那个时代,新渡户并非是在日本,而是在美国出版了《武士道》,向国际社会展示了日本人生生不息

---

① 司马辽太郎《坡上云八》(文春文库,1999年)P312

的武士道精神绝不逊色于西方文明的精神。

我认为,在现代日本社会中,已经鲜有人正面阐释"义"与"勇"的重要性。然而,新渡户却清晰阐述了武士道是超越时代的"人之生存原则"。为了唤醒这一被遗忘的原则,时至今日,新渡户的《武士道》一书仍值得细细品读。

**掌握要点**

《武士道》出版于中日甲午战争与日俄战争之间,向世界展示了日本这一新兴国家的雄姿。

在阐释武士道的过程中,新渡户反复强调其精神可比肩西方思想,意图展示日本人的优秀。

《新译 茶之书》
冈仓天心著,大久保乔树译
(角川Sophia文库/2005年)

## 100字摘要

通过茶室、美术鉴赏态度、为花与茶而生的千利休的一生,解读日本文化之一茶道背后的道教与禅学精神。并非论述茶道,而是以茶为体,阐释日本人的内在精神。

**冈仓天心**(1863~1913)

美术活动家,师从弗诺罗塞学习美术。曾任东京美术学校(现东京艺术大学美术学院)校长,后担任波士顿美术馆东洋部长。

02 / 《茶之书》

清饮一服茶,体悟『虚』之道。

### 冈仓天心的英文三部曲

冈仓天心的著作《茶之书》常常被拿来与新渡户稻造的《武士道》相提并论,其理由如下。

首先,两者均成书于"坡上云的时代",且最初都用英文出版。其次,两者的内容都是论述当时的新兴国家——日本生生不息的传统精神。此外,无论是在海外还是日本国内,两书都是畅销书,这也是两者的共同点。

作者冈仓,名觉三,天心是他的号。冈仓师从厄内斯特·弗诺罗塞[①],为创立东京美术学校倾尽全力。学校创办后第二年开始任校长,后又参与了日本美术院的筹建。冈仓天心为明治时期日本美术界的振兴殚精竭虑,是值得大书特书的人物。

之后,冈仓就任波士顿美术馆东洋部长一职,活动范围扩展

---

① 1853～1908。美国哲学家,日本美术评论家。受雇于明治政府,于明治11年(1878)来到日本。

至海外。这是明治37年（1904）的事情。

在此之前的明治36年（1903），冈仓天心出版了处女作《东洋的理想》。这本书是明治35年（1902），冈仓客居德国期间用英文写作而成的作品。继这部作品后，他又于明治37年（1904）出版了《日本的觉醒》。这部作品是冈仓首次赴美时在船上写就而成的，原稿也是采用了英文书写。

接下来的第三部英文著作便是《茶之书》。出版时间是明治39年（1906），也就是说冈仓在短短四年的时间里连续出版了三部著作。这三部作品被公认为是冈仓的英文三部曲，时至今日仍然深受广大读者的喜爱。

## 彻底述清东洋思想的本质

冈仓在处女作《东洋的理想》中，开篇第一句便写道"亚洲是一体的"。他在这本书中说道，目前亚洲各国正被列强蹂躏，唯有日本一国仍维持并体现着东洋的理想。

为此，冈仓主张，日本必须率先独立，率先帮助亚洲同胞实现精神上的解放。

后在《日本的觉醒》中，冈仓阐述了明治维新之后，朝着"坡上云"不断奔跑前进的日本精神。

明治维新以后，日本虽然受到西方思想的洗礼，但日本人并没有丧失自己的本性。正因为如此，冈仓天心鼓吹，日本不仅要以西方为实现现代化的范本,还必须对保持了东洋理想的日本思想与日本文化有所觉醒。

冈仓的主张正是如此崇高。三部曲的最后一部《茶之书》,也继承了他一贯的态度与观点。

刚接触到《茶之书》这一书名,想必大多数读者都会不约而同地认为这是"冈仓为论述茶道而写的书"。

然而,这本书的主体并非是在阐述茶道。这是以冈仓在波士顿美术馆时所做的日本文化的演讲内容为蓝本撰写而成的,换言之,这本书记述了通过茶道看到的日本人之精神。此外,也可说这部著作通过茶道背后的精神,提倡东方的亚洲与西方的欧美之间相互融合。

关于后者,冈仓在《茶之书》的"第一章 一碗见人情"中是这样写的。

说到底,包含日本在内的亚洲诸国一直在乞求向西方文明靠拢。然而,西方社会看起来却非常缺乏接受东洋文明的姿态。在这样的情况中,唯一广受世界尊重的亚洲仪式就是茶道。既然如此,那么只要西方文明对茶道有进一步的理解,那么茶道必定能够成为东洋文明与西方文明之间的桥梁。

这就是冈仓的观点。

那么,这座桥梁——茶道,其背后的精神是什么呢?希望西方文明理解的精神又是什么呢?就此,冈仓提出了"虚"的精神,这不仅对当时的西方文明,对于生活在现代的我们,也有重新认识的必要。

## 茶道背后日本人崇高的审美意识

冈仓在茶道背后看到的是尊老子为始祖的中国道教，以及继承了道教精神的禅学思想。

道教接纳世俗本来的样子，也包容与世俗相反或矛盾的部分。这一点最显著的表现在"虚"的思想上。

住宅中有用的并非屋顶或墙壁，而是由屋顶和墙壁所创造出的空间（空虚）。水壶也是一样，因为有了水能注入的空间（空虚）才成为了有用的器物。

人们普遍都将虚视作一种无用的存在。然而，正如上述的例子，正因为"虚"看似无用，所以才能具备万能，进而包容了矛盾。

冈仓天心主张，道教的正统继承者"禅"，也体现了与"虚"同样的精神本质。"禅"中，也同样能从相反或矛盾的部分中发现真理。比如，一个典型的例子便是能从"琐事"，即"微不足道的小事"中发现人生的真义。

饮茶的习惯也可算作琐事。然而，中国的禅僧为了能从"饮茶"这件琐事中找到真理，聚集在达摩像前捧着一个茶碗，严格按照应有的仪式喝茶。这个仪式最终发展成为了日本的茶道。

因此，冈仓天心主张，茶道的理想就是去实践从人生的琐事中发现伟大意义的禅学思想，而其背后就是寻找"虚"之价值的道教思想。

● 冈仓天心的英文三部曲

| 明治36年（1903） | 明治37年（1904） | 明治39年（1906） |
|---|---|---|
| 东洋的理想<br><br>KAKUZO OKAKURA | 日本的觉醒<br><br>KAKUZO OKAKURA | 茶之书<br><br>KAKUZO OKAKURA |
| The Ideals of the East | The Awakening of Japan | The Book of Tea |

"我们（日本）现在能够战胜比清朝更强的敌人！"

"明治37~38年（1904~1905）日俄战争"

拥有道教背景的禅学思想，影响了茶道的茶室、茶室内的礼仪、甚至影响了装置在茶室内的艺术品的品位等。例如，禅学认为，外在的装饰物是阻碍寻求真理的障碍物。茶道也是一样。冈仓认为，正是受到了禅学的影响，茶室才会像水墨画一般简素。

此外，装饰茶室的每一样卷轴、鲜花、茶器等，均是由主人遵照自己的喜好精心挑选之物，除此之外并无其他装饰，极致素朴。

也许是这个缘故，茶道中的审美意识总给人一种不完整、不完美之感。然而，这才是茶道精神之美的本质。

不完整的美，意味着正好给予了鉴赏者一个机会，去完成这美中不完整的部分。可以说重点并不在于去欣赏完整之美，而是追求完美的过程。冈仓认为这正是茶道精神的至美之处。

从冈仓的观点中可以看出，水墨画或茶室的素朴虽然不完美，但却与包容一切的"虚"紧密结合。可以说日本人自古以来就已经习惯于这种亲近"虚"的态度。

然而，现代的日本人或许已经逐渐淡忘了对于"虚"的爱惜之心。扪心自问，现在的我们常常抱怨没有这、缺少那，总是在感叹生活中的不完整与不完美。然而，正是在这样的不完美与不完整中，到底要如何发现心灵的安乐，这也许是冈仓通过《茶之书》向现代人发出的提问。

或许可清饮一服茶，慢慢思考这个问题。

**掌握要点**

《茶之书》是冈仓天心所著的英文三部曲中的最后一部。

这并非是论述茶道的书。而是向读者展示了，茶道背后的日本人的精神、日本人的审美意识，与西方大相径庭。

《代表性的日本人》
内村鉴三著，铃木范久译
（岩波文库/1995年）

## 100字摘要

以西乡隆盛、上杉鹰山、二宫尊德、中江藤树、日莲上人五人为日本人的典型代表，他们五人背后的精神价值可比肩西方伟人，是日本在全世界的骄傲。

## 内村鉴三（1861~1930）

宗教家、评论家。从札幌农学校毕业后担任公职，后留学美国。终生作为基督教信徒宣扬和平。

## 03 / 《代表性的日本人》

精神可比肩西方伟人的五位日本人分别是谁？

**若要举出代表性的日本人**

若现在请大家举出"五位最具代表性的日本人",那么你会推举谁呢?

问题本身非常简单。但是,真要马上举出五人,兴许大家都会感到非常为难。

时间倒回至明治41年(1908),有一个人挑战了这项困难的任务。这就是写了《代表性的日本人》一书的内村鉴三。

内村与撰写《武士道》的新渡户稻造,是很早便开始一起求学的旧友,也同期进入札幌农学校就读。内村毕业后担任政府公职,之后又留学美国,同时他也是一位虔诚的基督徒,这一点也与新渡户相同。另外,《代表性的日本人》也与《武士道》一样,最初都是用英文写就而成。

内村在《代表性的日本人》这部著作中,举出了五位代表性的日本人。通过这五人,向世界展示了日本人式的存在方式,以及日本尊以为傲的精神。

然而，内村的目的并不仅仅是单纯地介绍日本的精神，作品中他将这五人与西方的伟人进行了比较。借此宣示自己的主张，日本的伟人可比肩西方的伟人，日本人的精神丝毫不逊色于西方人。书中列举的五人如下：

①西乡隆盛 ②上杉鹰山 ③二宫尊德 ④中江藤树 ⑤日莲上人

大家觉得如何呢？看到这五人的名字，你有什么想法呢？

想必西乡隆盛的大名无人不知。另外，若将二宫尊德的名字换成通称的二宫金次郎，相信很多人应该会恍然大悟，"啊，原来是他。"

然而，关于其他三人，可能很多人会满脑子问号，摸不着头脑。

那么内村究竟从这五人身上发现了日本人代表性的哪些特点呢？接下来将依次介绍。

## 内村选出的日本人的代表

内村首先介绍的西乡隆盛是日本明治维新最大的功臣，但却在西南战争中成为了明治政府的攻击对象，最终悲剧收场。

西乡一生无欲无求，虽然身居高位，但始终不忘谦卑待人。内村指出，西乡思想的特征正如其座右铭"敬天爱人"。所谓"敬天爱人"指的是"上天对所有的人都给予同样的爱。因此，我们也必须像爱自己一般爱他人"。

西乡隆盛无欲无求、爱己及人，内村将他的品行与圣汤玛斯·阿奎那（St. Thomas Aquinas）相提并论，并认为西乡的伟大堪比克伦威尔（Oliver Cromwell）大将军。也就是说，在内村眼中，西乡隆盛像圣汤玛斯·阿奎那那般爱人，也像克伦威尔一般用革命伸张正义。

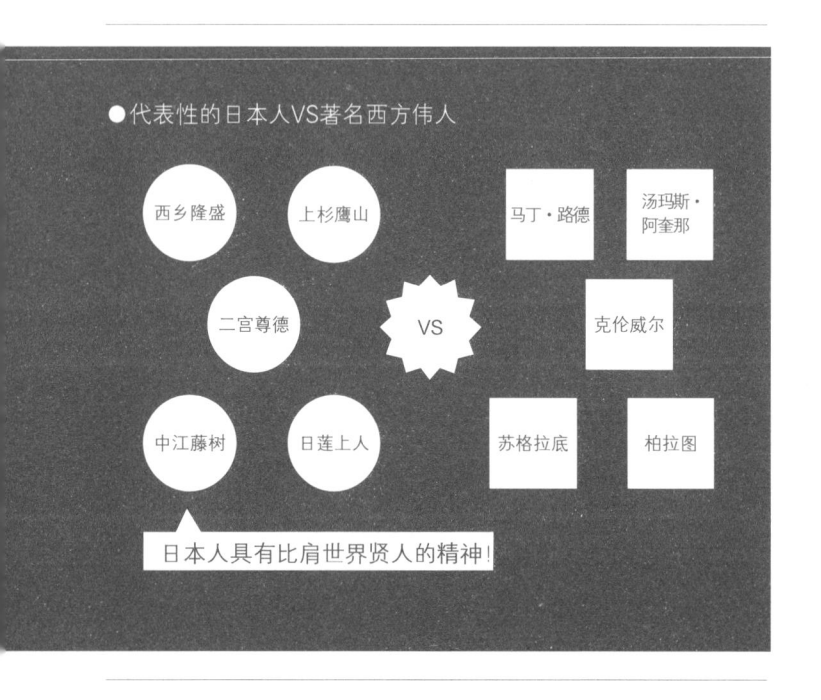

●代表性的日本人VS著名西方伟人

西乡隆盛　上杉鹰山　　马丁·路德　汤玛斯·阿奎那

二宫尊德　　VS　　克伦威尔

中江藤树　日莲上人　　苏格拉底　柏拉图

日本人具有比肩世界贤人的精神！

接下来内村介绍了上杉鹰山。想必很多人都不知道上杉鹰山的名字。但是，美国第三十五任总统约翰·肯尼迪就曾说过，上杉鹰山是他最尊敬的日本人之一。这样说来，身为日本人若不知道上杉鹰山，这难免有些说不过去。

上杉鹰山是出羽国米泽藩的第九代藩主。他于明和4年（1767）就任藩主，当时恰逢老中田沼意次大权在握，觊觎藩主之位。

米泽藩上杉家的藩祖是战国时代的武将上杉谦信，代代均是名门大家。然而，在上杉鹰山就任藩主的时期，藩的财政正面临着即将破产的危机。正是上杉鹰山通过厉行节约和武士归农、开发新事业等手段，终于重振了米泽藩的财政。同时，他推动产业改革、重振藩校以提高知识水平、开设医学校、废止公家许可营业的娼妓（公娼）等，积极推动社会改革。

这样一来，上杉鹰山凭借着可称为"勤俭福祉"的治政方式，让米泽藩完成了变革。内村将上杉鹰山改革完成的米泽藩比喻成基督教徒口中的"天之王国"（天国）。

接下来是被称作"农民圣者"的二宫尊德，通称二宫金次郎。二宫尊德贯彻仁爱、勤勉以及自助的品德，让一个又一个贫困潦倒的村落重振兴旺，他也因此为世人所知。

然而，二宫尊德所倡导的仁爱，并非金钱的援助或免除税收。依靠自己的力量消除贫困是二宫尊德的做法。单纯的援助只会助长人们的惰怠之心，因此他始终贯彻执行勤勉与自助。内村从这样的二宫尊德身上看到了清教徒[1]的精神。

第4位的中江藤树，想必知道的人也不多。他是被称作"近江圣人"的儒学家。

中江极为重视对父母尽"孝"，其中他认为对母亲的孝，比自己出人头地更重要。其次，较之学问与知识，他更重视品德与人格。内村在书中将他与苏格拉底、柏拉图相提并论，并盛赞中江藤树是一位以德为首的人物。

最后一位是日莲宗的始祖日莲上人。日莲最广为人知的便是以斗争的姿态挑战旧式佛教。内村认为，日莲的此般姿态与著名的宗教改革者马丁·路德如出一辙。马丁·路德的依据是《圣经》，对于日莲而言，则是立足于《法华经》。

就像这样，内村列举了西方各国的智者贤人，与上述五位代表性的日本人相比较。并强调，代表性的日本人所具有的精神与行动可比肩西方伟人。如何？关于这一点，大家有没有想到些什么呢？

没错，正是内村的盟友新渡户稻造在《武士道》中试着展现的态度。新渡户提出日本人骨子里的武士道精神可比肩西方精神，不，是超越西方精神，以此展现日本人的优秀。内村的《代表性的日本人》也同样以此为核心观点。

---

[1] 主张彻底进行宗教改革的各派新教的总称。

## "坡上云时代"的三大英文日本论

之前提到，内村的《代表性的日本人》出版于明治41年（1908），但在此之前的明治27年（1894），内村便发表了名为《日本与日本人》的著作。事实上，《代表性的日本人》正是这部著作的第二版。

若将截至目前所介绍的、用英文写成的日本论按照时间排序，那么分别是①《日本与日本人（代表性的日本人）》（明治27年，1894）、②《武士道》（明治33年，1900）、③《茶之书》（明治39年，1906）。

三部著作的出版时间都介于中日甲午战争与日俄战争终战次年之间，这正好与日本人朝着"坡上云"奋力向前的年代完全吻合。因此，这三部作品可以说是"坡上云时代"的三大英文日本论。

让我们再回到本章最开始时提出的那个问题。

在生活于今天的我们看来，到底谁才是应该推举出的最具代表性的日本人呢？

如果回答不出这个问题，那就意味着日本没有值得向世界夸耀的日本人，或是我们根本不知这样的人的存在，想来未免有些悲哀。假设真是如此，那么不妨读一读《代表性的日本人》，权当作是对回答这个问题的参考如何？

**掌握要点**

由日本人在"坡上云时代"撰写的三大英文日本论之一。

通过代表性的日本人,向世界展示日本人引以为傲的精神。

# 外国人眼中明治时代的日本

拉夫卡迪奥·赫恩
（Lafcadio Hearn）

## 《新编 日本魅影》
热爱日本的男子，又名小泉八云，赫恩的代表作

又名小泉八云的拉夫卡迪奥·赫恩出生于希腊，父亲是爱尔兰人，母亲是希腊人。在英国与法国接受教育后远赴美国，生活虽然窘困，但逐渐成为一位知名的报社记者。之后他又前往法属西印度群岛马丁尼克，在那里开始撰写游记和小说，走上作家之路。

赫恩于明治23年（1890）来到日本。不久娶了一位日本人为妻，加入日本国籍，可见他对日本的偏爱。

赫恩的作品中，最著名的是《怪谈》，而他所写的关于日本的第一部著作则是《日本魅影》。这部著作记录了从他首次踏上日本的土地，一直到离开岛根县的松江，这一年零七个月之间在日本的所见所闻，一共收录了27篇。

不过，市面上最容易买到的《新编 日本魅影》的版本仅仅

收录了10篇代表作,并加了一篇"序"。

书中收录的第一篇"东洋的第一日",正如其字面所示,内容记录了赫恩在明治23年(1890)4月4日首次踏上日本国土时的所见所闻。文中写道:"我已深深着迷。那天所见的美景令人惊叹,让我异乎寻常地激动不已",赫恩从第一天开始便对这个未知的国家——日本,充满了深深的期待。

四个月后,赫恩作为英文教师,赴岛根县寻常中学任教。他在"众神之国的首都"一章中,记录了来到岛根的第一印象。

赫恩写道,早晨从捣米声中清醒,打开日式隔扇窗户,眺望眼前流淌的大桥川。转而拍手祭神的声音又传入耳中,不一会儿各种声音越来越多,此起彼伏。

"这祈祷是献给佛教传入之前支配这个丰苇原之国①的古代众神,以及今天仍坐镇于八彩云下出云之国的众神。"

写下"八彩云"的赫恩在出云遇到了小泉节子,与她结婚后便改名为小泉八云。自不用说,名字中的"八云"出自出云的枕词。

贯穿赫恩文章整体的是对日本的自然、百姓以及习惯的绝对性的赞美。不过,这也未免让人觉得《日本魅影》过度美化

---

① 丰饶芦苇原包围之中的国土。另一解释为有着丰饶苇原,位于世界中央的国土(高天原、黄泉之间)。

了日本。

当然，并非所有来到日本的外国人都如赫恩一般热爱日本。例如，法国小说家皮耶・罗逖（Pierre Loti），他似乎无论如何也无法喜欢上日本与日本人。

明治18年（1885）来到日本的罗逖曾受邀参加鹿鸣馆的舞会，但他如此描写舞会上那些穿着燕尾服的男士与身着晚礼服的女士。

"总也说不清到底为何，但在我看来，总感觉他们个个都像极了猿猴。（中略）那微笑时上挑的眼角，内八字弯曲的腿，扁平的鼻子，无论如何总感觉她们有些奇怪。"（《秋天的日本》皮耶・罗逖著，村上菊一郎、吉永清译/角川书店）

对日本赞不绝口的赫恩与贬低日本的罗逖，真想听听他们两人关于日本会有怎样的对话。

## 书籍介绍

### 《新编 日本魅影》

拉夫卡迪奥・赫恩著，
池田雅之译
角川Sophia文库（2000年）
※文中引用内容出自该书。

### 作者

**拉夫卡迪奥・赫恩**

〔1850~1904〕
作家。日本名为小泉八云。出生于希腊，在美国成为报社记者，来到日本后加入日本国籍。

# Chapter / 2

探寻日本人的精神构造

《禅与日本文化》
铃木大拙著,北川桃雄译
(岩波新书/1940年)

## 100字摘要

为了让外国人更容易理解禅学思想，作者用英文写就了这部作品。本书是英文原版的日译本。作者从禅学的基本思想开始，详细论述了禅学精神是如何影响了美术、武士、剑道、儒教、茶道、俳句等所有的日本文化。

## 铃木大拙（1870~1966）

名贞太郎，道号大拙。在东京帝国大学求学时开始痴迷禅学。远赴美国后，在出版社工作的同时，也通过英文用浅显易懂的方式来介绍禅学思想。

## 04 /《禅与日本文化》

将『ZEN』传遍世界的禅学思想的入门书。

**认识禅的本质**

上一章介绍的每一本书都是用英文写就而成的，现在要介绍的《禅与日本文化》也是为了让外国人了解禅学思想而用英文撰写的。出版于昭和13年（1938），作者是将禅学思想推广至全世界的铃木大拙。

《禅与日本文化》的结构非常明快清晰。大拙和尚开篇第一章便写了"禅学的入门知识"，向读者说明禅学的基本思想和基本精神。换言之，这一章便是用"鹰眼"宏观全书整体。

在第一章之后，大拙和尚列出了具有代表性的六大日本文化进行分别论述，这六大主题分别是"美术""武士""剑道""儒教""茶道"与"俳句"。各章的主旨内容是阐述禅学对这些日本文化有怎样的影响，也就是用"虫眼"微观详述。

对于禅学的门外汉而言，最想知道的想必就是"到底什么是禅？"这正是《禅与日本文化》第一章中解答的问题。

禅是佛教的形态之一，信奉大乘佛教。然而，随着佛教的发展，充斥着对于佛陀教诲的表面理解。大拙和尚认为，禅学正是摒弃了这些表面的见解，直接正视佛陀的根本精神。

此外，大拙和尚还断言，"般若（睿智）"和"大悲（大的慈悲）"才是佛陀的根本精神。

"般若"指的是超越事物的表象，抓住其本质的境界。大拙和尚用"超越的智慧"这一稍显晦涩的词来表达这种境界。

我们若能得到"般若"，则能够顿悟人活在这个世界上最根本的意义。这样一来，便不会再为个人的利益与痛苦而忧虑，能够博爱万物。这种态度正是"大悲"。

总之，达到"般若"这种顿悟的境界，便能用大爱对待世间万物。大拙和尚认为这正是佛陀的基本精神。

从理论上来讲当然是如上所述，但如果说这样就算是理解了禅学，恐怕一定会被大拙和尚呵斥。因为禅学的修炼法是，"亲身体验，不诉之于知识作用与系统性的学说。"①

说到底，禅是"不立文字"，也就是说不依靠语言。语言代表实体，但并非实体本身。

因此，禅是通过个人的体验，用直觉性的理解方式去认同实体。方式之一便是"坐禅"。也就是说，关于"般若"和"大悲"，即使用语言说尽，却也依然无穷无尽。要想真正地理解，只能通过亲身体验。这就是禅的思想。

---

① 铃木大拙著，北川桃雄译《禅与日本文化》（岩波新书，1940年）P7。

**禅式的世界观**

接下来，大拙和尚针对禅带给日本人的影响，考察日本人所具备的禅式的世界观与对事物的看法，总结出了下列七项（参考下图）。

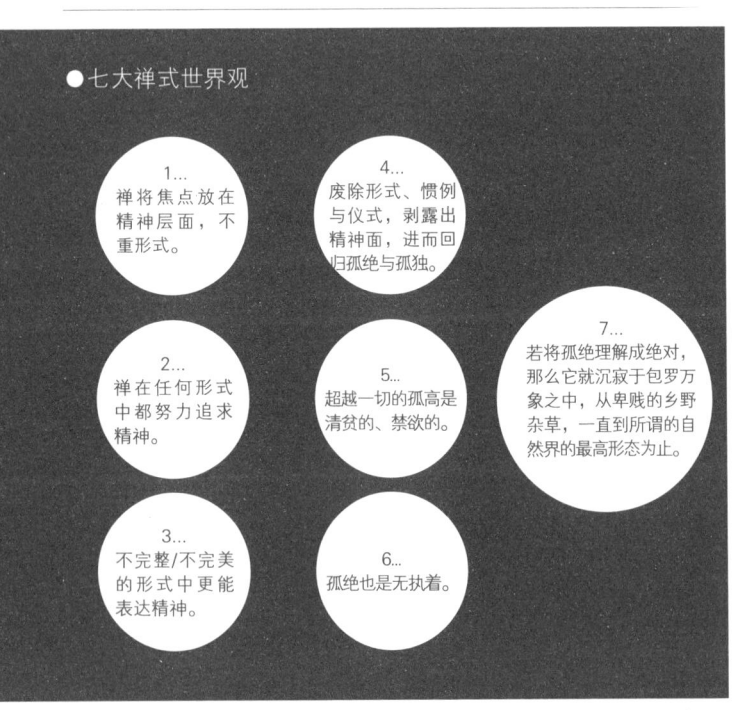

● 七大禅式世界观

1... 禅将焦点放在精神层面，不重形式。

2... 禅在任何形式中都努力追求精神。

3... 不完整/不完美的形式中更能表达精神。

4... 废除形式、惯例与仪式，剥露出精神面，进而回归孤绝与孤独。

5... 超越一切的孤高是清贫的、禁欲的。

6... 孤绝也是无执着。

7... 若将孤绝理解成绝对，那么它就沉寂于包罗万象之中，从卑贱的乡野杂草，一直到所谓的自然界的最高形态为止。

出处：根据铃木大拙《禅与日本文化》制成

关于"般若"与"大悲",想要亲身体验也是一件极困难的事。虽然如此,但当我读到前页的图表所列出的1~7项时,才发现大拙和尚提出的禅式的世界观,对日本人而言,并非异乎寻常的事理,反而感到非常亲近。

如果大家也有相同的感受,那就说明我们也曾体验过这1~7项,换言之,我们也自然而然地亲近了大拙和尚所言的"禅式世界观"与"对事物的禅学观点"。从这个意义上来讲,禅学精神构筑了日本人的性格,这种说法确实有几分道理。

事实上,到目前为止所介绍的内容都是以《禅与日本文化》的第一章为基础,不过占了整部著作的十分之一而已。

接下来,从《禅与日本文化》第二章起,大拙和尚用禅的基本思想与1~7的世界观来思考日本文化。

例如,在《禅与日本文化》这一章中,大拙和尚指出由南宋大画家马远独创的"马一角"画法是用少量的笔触描绘物象,这一点与禅学精神非常吻合。大拙和尚还从一旦下定决心便心无旁骛、勇往直前的武士精神中,看到了重视行动的禅学精神。此外,他还说在无的境界中与对手战斗的剑道中,也存在着经历危机后而生的禅学精神。

其次,大拙和尚还主张,重视"闲寂""朴素"的茶道也继承了将事物单纯化、除去了一切不必要成分的禅学思想。同时,顿悟禅的时候,无须依赖概念来达到真理。舍弃有意识的努力,让无意识发挥作用，就可以达到。大拙和尚认为俳句的艺术性就是这种无意识所成就的成果。

当然，要说所有的日本文化都能与禅学思想挂上钩，这恐怕有些言过其实。但是，在拜读过大拙和尚的著作后，试着环顾我们的身边事，应该能够发现在这些粗茶淡饭的生活琐事中也继承着禅的思想。

### 掌握要点

禅并非语言，通过坐禅等个人的体验，用直觉般的理解去发现真理。

七大禅式世界观是理解禅学世界时有用的关键词。

《弓与禅》
奥根·赫立格尔著,稻富荣次郎、
上田武译
(福村出版/1981年)

# 05 /《弓与禅》

德国哲学家从弓道修习中参悟出的禅学思想为何。

## 100字摘要

从大正末年到昭和初期,客居日本的德国哲学家,开始修习弓道。本书记述了这位德国哲学家从修习弓道6年的经验中,体悟到如何解决矛盾的禅学思想。

## 奥根·赫立格尔(1884~1955)

德国哲学家。受聘于东北帝国大学(今东北大学),教授哲学与古典。在日本期间学习了弓道,向世界介绍弓道与禅的关系。

**神秘思想让人着迷**

大正13年（1924）至昭和4年（1929）期间，德国哲学家奥根·赫立格尔在东北帝国大学教授哲学和古典。客居日本的这六年间，他学习了弓道。这一本《弓与禅》便是记录他当时体验的著作。

来到日本的赫立格尔打算开始修习自己从学生时代就非常感兴趣的禅学，然而他却寻不到老师。大家都认为重视理论思考的西方人，怎么可能修行禅学，根本没人愿意从头教他。

于是他的朋友建议他，若直接学习禅学太困难了，何不从与禅学相关的日本传统技艺开始学习。赫立格尔想着他从前步枪和手枪的射击经验正好可以派上用场，便决定修习弓道。

在记录了这一小段插曲之后，《弓与禅》便开始娓娓讲述赫立格尔在修行弓道中的各种体验。

根据赫立格尔的记述，弓道的修行大致可以分为三个阶段，分别是拉弓、放箭、射向目标。

"拉弓"指的是拉弓上的弦。这需要非常大的力气。赫立格尔总是用尽全身力气拉弓，可是，师父却指导他不可以用尽全力。师父说不要使用全身的力量，仅将拉弓的任务交给双手，手腕和肩膀的肌肉彻底放松，仿佛它们只是袖手旁观一般。

用力与放松，显然是相互矛盾的两件事。自然，听了师父的话，赫立格尔全然不知所措。

仅仅修习拉弓，赫立格尔就花了一年，之后才迈向第二阶段"放箭"，指的是放开弦的瞬间。赫立格尔是有意识地放开弦，然而师父却又教导他切不能刻意松开右手。

若不松开右手，又如何能"放箭"呢？这又是一种矛盾。简直像极了禅的问答。赫立格尔再次不知所措，屡试屡败，屡败屡试。不过，反复修习后赫立格尔终于悟出了下面的结论。

"然而，只能从经验中学会的东西，又何必靠思想去预测呢？现在不正是时候抛弃这种毫无结果的习惯吗？"[1]

赫立格尔的这种思想正好对应了"不立文字"的禅学精神。赫立格尔一直以来都耐心地等待着这一刻的到来。

赫立格尔第一次做出让他满意的"放箭"时，感动不已。这距离他开始练习弓道，已经过了三四年的时间。有一天，赫立格尔射出一箭后，师父深深地鞠了一个躬，便中断了练习。

---

[1] 奥根·赫立格尔著，稻富荣次郎、上田武译《弓与禅》（福村出版/1981年）P61。

一开始赫立格尔并不知道到底发生了什么事情，但从师父的言语和态度中他意识到自己已经做到了"放箭"。师父是这样对他说的。

"在这一箭时，你保持了完全忘我与无所求的状态，拉弓至最高点。这一箭就像是一个熟透了的水果一般从你身上自然掉落。"[1]

赫立格尔在书中写到当时他心中涌起一股无法抑制的喜悦。然而，在短暂的喜悦之后，赫立格尔马上又碰壁了。在下一个阶段"射向目标"中，师父命令他必须将靶心从脑中除去。应该看的不是靶心，而是无心、无我的境界。

遇到瓶颈的赫立格尔，有一天，看到师父在黑暗中放出的两支箭，不偏不倚地正中靶心。这次经历成为他的一大转折点，自此以后，赫立格尔除了"拉弓"与"放箭"之外，对"射向目标"也不再执着。后来，赫立格尔在接受了段位评定的考试之后，离开了生活了六年的日本，回到德国。

**不射之射与扬弃哲学**

在读完赫立格尔的体验记后，想必有人会联想到中岛敦的短

---

[1] 奥根·赫立格尔，同前书 P94。

篇小说《名人传》。这部短篇小说写到一位名叫纪昌的男子一心一意地修行箭术，最终领会了"不射之射"，也就是不射箭就能射中的秘诀。

中岛将"不射之射"的日文发音写作"Fushanosha"。但如果将其念作"Fuinoi"，则可以写成"不为之为"，转而与"为无为"相同。"无为之为"是出自于《老子》第三章中的著名思想。无为则是大为，看上去是极为矛盾的思想，但却与"不射之射"有着异曲同工之妙。

关于老子等的道教对禅学有着极大的影响这一点，冈仓天心在《茶之书》中进行了详细的论述。赫立格尔的体验中也能看到道教，也就是禅学的影子，能看到相互矛盾的事物是如何相声共存的，也就是"不射之射"的奥义。

说起来，德国哲学中有一个叫"Aufheben"的概念，通常翻译为"扬弃"，指的是从更高的层面与水平来解决相互矛盾体之间的对立。这么看来，可以说赫立格尔在日本体验的"弓与禅"也是对"扬弃"概念的一次亲身实践。

如果从这个观点来阅读该著作，那么阅读本身其实就类似于在体验禅学，或者在实践扬弃的哲学理念，读者们应该会有不一样的感受涌上心头。

**掌握要点**

将必须亲身体验的事情,作为一种知识去理解将毫无所获。这正是禅所说的"不立文字"。

亲身体验的过程中或突然顿悟。想要达到这种瞬间顿悟的境界,唯有努力修行,静心等待。

《地狱的思想》
梅原猛著
（中公文库/1983年）

# 06 /《地狱的思想》

人生即是苦恼，即是地狱。当人类直面地狱时便能孕育出优秀的文化。

## 100字摘要

这是梅原猛所著的第一部著作。释迦牟尼认为人生就是苦，若将痛苦的人生释为地狱，那么佛教思想的根源中便潜藏着地狱的思想。该著作从这个观点出发，论述了地狱思想带给日本文化的影响。

## 梅原猛（1925~）

哲学家。曾任立命馆大学教授、国际日本文化研究中心所长等。活跃于文学、历史、宗教等广泛领域，致力于确立「梅原日本学」。

**所谓地狱就是苦恼**

本章首先举出了两部与"禅"密切相关的日本文化论。

大家感受如何呢？想必一定有人感觉"好像非常晦涩而陌生"。这是因为，当我们回望自己的日常生活时，会发现我们大多数人距离禅的世界都非常遥远。

有一则这样的小故事。有一天，一位外国人为了研究禅学精神而来到日本，他去拜访了著名大学的人文科学研究所，并向所长提出了问题。

"这个研究所里有多少人受到了禅的影响？"

所长如是回到。"恐怕一个人也没有。"

可以说这个回答让那位外国人当场目瞪口呆。

感到"好像非常晦涩陌生"的人在听到这个故事时，想必都连连点头称是"确实如此呀"。

当然，我并非是想通过这个小故事，否定禅学思想给日本文化带来的影响。只是想提出，"除了禅之外，日本文化也受到了其他思想的影响"。

在这一节中介绍的哲学家梅原猛也有相同的想法。梅原猛尤其关注在禅学传入之前的日本文化，以及在禅之前的佛教带给日本文化的影响。这其中的关键词，正是"地狱的思想"。

"将平安佛教视作贵族佛教，这不过是明治时代之后的通论，是一种宗教上的独断。主要由天台宗培育出的地狱思想，渗透进日本人精神生活的深处，也因此孕育出了多么优秀的文学与绘画。"[1]

这段话收录入梅原的论文《对于日本文化论的批判性考察》中，最早于昭和41年（1966）提出。之后，梅原的第一部著作《地狱的思想》问世，这是昭和42年（1967）的事。因此，著作《地狱的思想》作为一大关键词，发展了梅原的"地狱思想"。

那么，梅原所说的"地狱思想"到底是什么呢？

根据梅原的说法，地狱是苦恼被纯粹化、客观化后的世界。我们就单纯地将其视作"只由苦恼构成的世界"。

若从客观的角度来看这个"只由苦恼构成的世界=地狱"，从中应该能衍生出某种思想吧。一般而言，这就是地狱的思想。

有一个人曾经非常严肃地直面这个地狱，他就是佛陀，即释迦牟尼。

---

[1] 梅原猛《梅原猛著作集 3 发现美与宗教》（集英社，1982年）收录《对于日本文化论的批判性考察》P37。

梅原认为，释迦并非积极地论说地狱。但他将人生视为苦，认为苦的原因就在于追求欲望，主张消灭这些欲望。释迦牟尼虽然没有积极地论说地狱，但他认为这个世界是苦的世界，是一个仅由苦恼构成的世界，事实上这正是直面了地狱，进而发展出了地狱的思想。

**佛教思想的发展**

以此地狱思想为基础的佛教，带给日本文化巨大的影响。要想阐明具体有怎样的影响，那就必须思考日本佛教的多样教派的共通原理是如何影响日本文化的。

面对这样的难题，梅原提出，贯穿日本思想（一般的思想，非佛教思想）的原理一共有三种。

分别是"生命思想""心灵思想"与"地狱思想"。梅原从佛教史中寻找线索，剖析佛教带给这三种思想巨大的影响。

事实上，释迦牟尼并未留下任何记录自己的思想和体悟的书籍。各种佛教经典都是在释迦牟尼圆寂后，由他的弟子或弟子的弟子们所编撰。这些经典中不仅有释迦牟尼纯粹的教诲，还包含了编撰者自身的理解和意见。这类的佛教经典数量庞大，其内容也千差万别。

比如，平安时代流行的密教就深受赞美生命的印度教的影响。日本信奉崇拜自然的神道，密教就在这样的日本土地上扎下根来，继而后来空海的真言密教大放异彩。

另外，同样是平安时代，最澄继承天台智顗的教诲，以发现人类之苦、从烦恼中解脱为目标，进而发展成为天台宗。

这样一来，肯定生命的真言密教和否定生命的天台宗，两种不同的佛教派别在平安时代广泛被人接受与信仰。注意到这一点的梅原认为，安乐地赞美生的真言与凝视内心深处阴暗的天台，这两种思想都为日本人所亲近。

之后，最澄的天台宗又逐渐发展成地狱思想和生命思想。例如，修习天台宗的源信后来写了一部《往生要集》，发展出极乐净土的思想，也就是所谓的净土思想。

这种净土思想，始终伴随着与净土对立存在的地狱。因此，净土思想的发展其实也等同于地狱思想的发展。

此外，说到生命的思想，就会自然地联想到日莲。最初修学天台宗的日莲，将法华经视为最高教义，发展了以释迦牟尼为中心的思想。他所愿的并非净土，而是让现在活得更好的生命赞歌般的思想。

● 贯穿日本思想的3项原理

生命的思想 ←→ 心灵的思想

密教·日莲系    唯识系·禅系

佛教

天台·净土系

地狱的思想

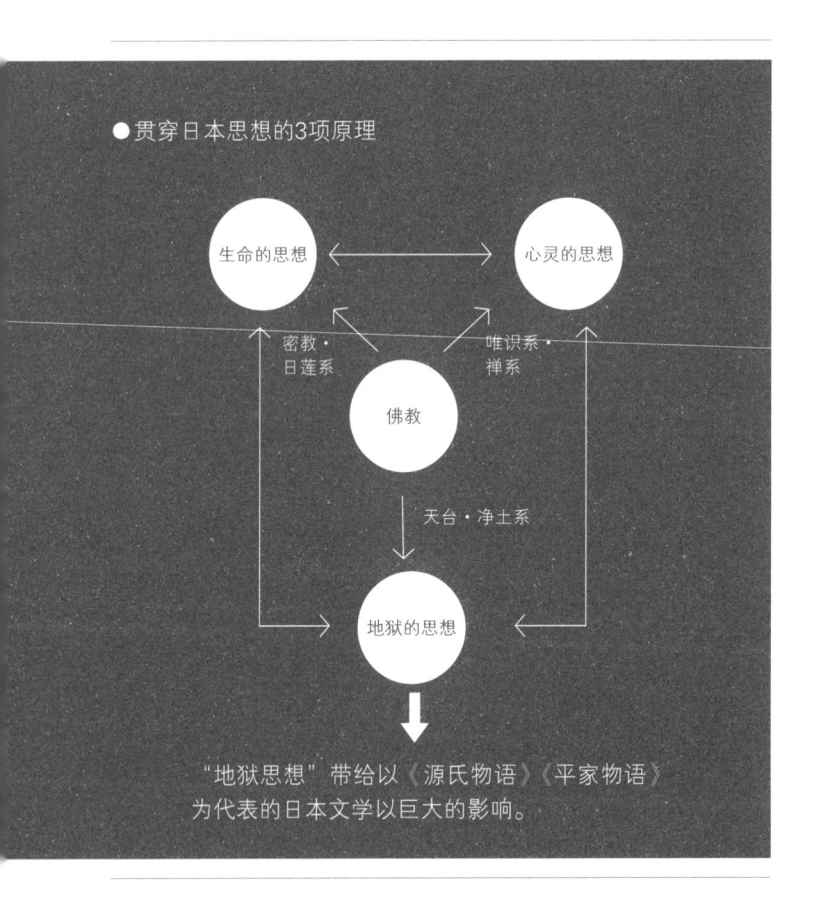

"地狱思想"带给以《源氏物语》《平家物语》为代表的日本文学以巨大的影响。

　　日本人喜爱的不仅是生命思想与地狱思想。自奈良佛教以来，佛学基础的"唯识论"[①]就将人的心灵作为一个焦点问题。此外，禅学思想也是关注人心的佛教。

因此，梅原认为，假若将镰仓时代之后的佛教分为日莲宗、禅、净土宗，那么这三种佛教也许可以分别归类为生命思想、心灵思想、地狱思想。

**认真直面苦恼的日本人**

希望读者注意的一点是，梅原主张禅也不过是佛教思想之一。他的立场是"日本文化也有受到禅之外的其他思想的影响"。为了进一步阐明这一点，梅原分析了地狱思想在日本文学上扮演的角色，由此证明禅以外的佛教对日本文化有着深远的影响。

比如，紫式部的《源氏物语》。通常《源氏物语》被认为是"物哀"文学，而梅原则从中看出了当时最流行的天台佛教和真言佛教对这部作品的影响。

再比如《平家物语》。梅原从中看到的并非普遍认为的"无常"文学，而是六道的文学。他的解释是，《平家物语》是在现世这个地狱追求极乐净土的地狱文学。

另外，梅原从世阿弥、近松门左卫门、宫泽贤治、太宰治

---

① 认为一切的事物与想象并非真实存在，是因人心的认识所以存在的一种思想。

等从中世①到近代②的作家作品中，都不断地发现了地狱思想的影响。梅原认为，日本文学之所以会受到地狱思想如此深度的影响，这正表明日本人非常认真地面对生的苦恼，所以他主张应该要更加珍惜这样的传统。

在思考日本文化时，不可能回避佛教的影响。尤其，在探讨禅以外的佛教对日本文化的影响时，《地狱的思想》一书作为索引有着较大的参考价值。

**掌握要点**

释迦牟尼的佛教将人生视作为苦，其根本是直面"充满苦恼的人生=地狱"的"地狱思想"。

地狱思想是一种认真面对苦恼的态度，对日本的思想与文化产生了巨大的影响。

---

① 镰仓幕府成立至江户幕府成立（大致从1192年～1603年）。
② 明治维新至第二次世界大战结束（1868年～1945年）。

《远野物语・山的人生》
柳田国男著
（岩波文库/1976年）

## 100字摘要

曾任明治政府高官的作者,记录了住在陆中原野的佐佐木镜石所口述的山神与山人的传说。让御白神、家神、客厅童子、河童、山姥等已被日本人遗忘的故事重现光彩。

## 柳田国男(1875~1962)

民俗学家。曾任政府高级官员,后进入朝日报社,离职后以民俗学家的身份专注于研究生活。同时也是有名的新体诗人。

07 / 《远野物语》

献给已成为外国人的日本人,山神与山民的传说。

**山神山人的传说**

柳田国男在其代表作《远野物语》的扉页中写着一句话,"本书献给身在外国的人们"[1]。咋看只是普通的一句话而已,但从不同的角度来看,却是一句意味深长的话。更加大胆地说来,柳田国男想要通过《远野物语》传达的信息,似乎全都浓缩在了这句话里。

为何这句话如此重要呢?接下来就以"本书献给身在外国的人们"这句话为线索,解读柳田的《远野物语》。

柳田从东京帝国大学毕业后,进入农商务省,一路平步青云,担任高级官员。另一方面,他对民俗传承也很感兴趣,于明治42年(1909)便写下了第一部关于民俗传承的作品。

同年,柳田造访了陆中上闭伊郡的远野(今岩手县远野市)。

---

[1] 柳田国男,《远野物语》(岩波文库,1976年),扉页。

在此，柳田遇到了致力于收集当地故事与民俗传说的佐佐木镜石（喜善）。柳田夜以继日地倾听佐佐木讲述流传于远野当地的各种故事。《远野物语》便是将这些传说整理后出版的著作。

柳田在相当于《远野物语》前言的部分中如是写道：

"细细想来，远野有数百件关于这类的故事。我们热切希望能够听到更多。在比远野更深入的国内山村里，应该还有无数关于山神、山人的传说。希望能够通过这些故事来震慑平地人。"①（着重号出自原书）

如柳田所写，《远野物语》接下来便对流传于远野的山神、山人传说进行了详细的描述。下面介绍其中几则。

**家神** 每个村落的世家望族都会拜祭，是带来幸福的神明。

在一个插秧种田的农忙时节，田里突然出现了一位身材矮小的毛头小子帮忙种田。农活干完后，人们本想请他吃晚饭，可却不见了他的踪影。

"回家一看，檐廊上出现了许多沾满泥土的小脚印，慢慢进入屋内，一直到供奉家神的神龛前为止。打开神龛门一看，神像的腰部以下都沾满了泥土。"②

---

① 柳田国男，同前书P7。
② 柳田国男，同前书P23。

**客厅童子** 十二三岁孩童模样的神仙。传说这位神仙能给他所居住的家庭带来富贵和自在。

某日,一位男子遇到了两位不认识的女孩。问她们从哪里来,她们回答自己来自大户人家山口孙左卫门家。又问她们要去哪里,她们回答要去远处村落的世家望族。男子认为她们就是客厅童子,推断山口家不久后势必会家道中落,果不其然。

"之后不久,这一家的主仆二十几人因中了菌类的毒,所有人在一日之内全部殒命,只剩下一个七岁的女孩,而这个女孩到老都无儿无女,最近因病去世。"[1]

**山姥** 山中女妖。

某日,一对父母为了给女儿置办嫁妆,把女儿留在家中,夫妇俩独自出门采买。这时山姥现身吃掉了女儿,并变身成了女儿的样子。毫不知情的父母让女儿备好嫁妆骑上马。这时家中的鸡突然拍打着翅膀啼叫起来。

"这叫声就好像是在说,那马背上坐的不是小姐,而是山姥,咯咯,咯咯。只见鸡一直叫个不停,父母这时才起了疑心,把山姥从马上拉下来杀了。后来他们在糠屋[2]的角落里找到了女儿

---

[1] 柳田国男,同前书 P25。
[2] 杂物房、库房。

的遗骨。"①

## "在外国的人们"内含三层含义

书中还有其他许多有趣的传说,在此不作赘述。

那么,这些传说与柳田在书中一开始所写的"本书献给身在外国的人们"有着怎样的联系呢?

关键点是"身在外国的人们",我认为这其中有三层含义。

首先,照字面上的意义,指的是外国人。对于外国人而言,远野是异邦。柳田希望外国人也能了解在这异邦流传着的世界罕见的传说。这是第一层含义。

另外,柳田在"前言"中写道"希望能够通过这些故事来震慑平地人"。可将平地人视为住在城市的日本人吧。也就是说,对于当时住在城市的日本人而言,远野已经成为了异邦之地。因此,"身在外国的人们"也可以解读成当时住在城市里的日本人。这是第二层含义。

再者,即便同为日本人,从现代日本人的角度看来,远野物语中所描述的当时的远野正可谓是异邦。因此,柳田国男以《远野物语》会一直传承下去为前提,将遥远的后世的人们,也就是

---

① 柳田国男,同前书P74。鸡在啼叫"马背上坐的不是小姐,而是山姥"的前一天,还曾啼叫"快去糠屋的角落看看,咯咯"。因此女孩的父母才会去看糠屋的角落。

现代日本人这个集体都涵盖在了"身在外国的人们"这一概念中。这是第三层含义。

我认为柳田是将本书献给上述三层意义上的"外国人"。而现代的我们作为"外国人",翻开《远野物语》,无疑能从中窥到那已被遗忘的"异境"。

**掌握要点**

民俗学家柳田国男记录了远野的人·佐佐木镜石口述的传说。

柳田希望通过该书,将逐渐消失的口传传说留给异邦的外国人、当时的城市人,以及现代的我们。

《被遗忘的日本人》
宫本常一著
（岩波文库/1984年）

## 100字摘要

作者是一位走遍日本全国每一个角落考察的民俗学家。该书介绍他从无名的老人口中听到的与生活密切相关的故事，描述了建立起今日文化的庶民的能量，是在怎样的人际关系与环境中产生的。

**宫本常一**（1907～1981）

民俗学家。从昭和8年开始走遍日本全国各地，用自己的眼睛观察老百姓的生活，用自己的耳朵倾听老百姓的故事，并用大量的文字和照片将所见所闻记录下来。

08 /

《被遗忘的日本人》

『行走于世的民俗学家』描绘正逐渐消失的平民生活文化。

## 连民间传说都称不上的庶民文化

铃木大拙站在宗教家的立场,看到了禅对日本人心理的深层影响。梅原猛则是站在哲学家的立场,发现了日本人思想背后深受佛教的影响。再者,柳田国男的工作被称为"柳田民俗学",也就是说他站在民俗学家的立场,试图挖掘潜藏在日本人精神背后的深层含义。

民俗学是阐明普通庶民的生活文化的状态和变迁历史的一门学问。其中,调查民间传说是民俗学研究最主要的手段。柳田的《远野物语》便使用了这个民俗学研究的基本方法。

另一方面,这里介绍的宫本常一也是一位不容忘记的绝代的民俗学家。只是,比较柳田和宫本两人,不难发现两人虽同为民俗学家,但两人的志向却显然不同。要说到底哪里不同,总结起来便是柳田全身心投入收集民间传说,而宫本则紧扣庶民的日常生活,如实记录那些连民间传说都称不上的庶民生活文化的真实样态,流传后世。

而且，最让人惊叹的是宫本的采访能力。宫本从昭和8年（1933）开始，一直到昭和50年代（1975~1984）为止，走遍全日本每个角落，收集民俗学的第一手资料。用自己的眼睛观察当地人的生活，倾听当地人的故事，拍摄照片以作记录。因此，他甚至被称为"游走的民俗学家"。

宫本非常擅长采访，擅于倾听。"你啊，不管我们说的话有多无聊，你都愿意认真倾听，所以我们也才愿意讲给你听呀"[1]，就像这样，讲故事的人常常也兴之所至而忘记了时间。宫本也因此时常借宿于受访者家中。据说他每次离开时，受访者一定会对他说"下次请再来哦"。

昭和35年（1960）出版的著作《被遗忘的日本人》，正是宫本一步一个脚印进行田野调查所诞生的杰作。书中所记述的故事并非民间传说，而是民间传说的传承者们所讲述的自己的人生故事，甚至都称不上是传说。也正因为如此，才真正是《被遗忘的日本人》吧。

然而，通过司空见惯的个人生活与人生，能否真的从中透视出具有普遍性的日本文化和日本人的精神呢？也许有人会有这样的疑问。既然如此，那我为大家介绍《被遗忘的日本人》其中的如下一节。

---

[1] 宫本常一《被遗忘的日本人》（岩波文库，1984年）P100。

### 异邦的庶民生活文化

从昭和25年到26年（1950~1951），宫本参加了九学会联合会①发起的针对对马的综合调查。趁此机会，宫本造访了对马西北部的伊奈村。宫本在旅店彻夜抄写村落借给他的账簿。

"室外月光皎洁，家门前是一汪海湾，海的另一端低矮的小山黝黑分明，微风拂过大海，月光照在海面上波光粼粼。就在那岸边，旅馆的老婆婆整夜织着布。'因为月光特别美……'一边享受着月光与凉爽的夜风，一边工作。"②

这不过是宫本从住宿的旅馆窗户望出去看到的情景，单纯地记录了在月光下工作的旅馆老婆婆而已。然而，仅仅从这一段简单的文字中，也能看出旧时的日本人依靠月光彻夜工作的景象。

与如今的灯火通明相比，月光的确并没有那么明亮。然而，在那个没有霓虹闪烁的年代，想必月光看起来定是光亮无比吧。

如果这记录正确无误，那么除了老婆婆之外，一定还有许多人也在月光下努力工作。在月光下工作的日本人，这无疑是截取了旧时日本人的生活场景之一。在《被遗忘的日本人》一书中，

---

① 昭和22年（1947），日本民族学协会、日本人类学会、日本考古学会等人学学科的学会，为了促进相互交流而组成的联合会。
② 宫本常一，同前书P18~19。

类似这样被遗忘的场景——登场。

其中之一便是与"性"相关的场景。实际上,宫本采访到的许多村民的口述内容都让人惊呼连连,以前的日本人真的是这样的吗!

接下来介绍几个例子。

对马有一位非常会唱歌的老人。据说这位老人年轻时因为歌声美妙,所以得到了很多好处。那么,究竟得到了哪些好处呢?

对马地区从中世开始,就有参拜六观音的观音像的传统。男男女女成群结队地前往参拜,晚上便借宿在参拜地附近的民居中,据说到了晚上,村里的人便会前来与参拜者们一同高歌。兴之所至时,甚至会以男女的身体做赌注来一较歌技高低。如果女子输了,那么……没错,就得与获胜的男子过一夜。

刚才说到的老人,因为嗓子好会唱歌而得到好处指的就是这个。"一直到明治时代结束,对马北部地区的现实生活中依然持续着男女赛歌的传统。"[1]

此外,在古老的传说中,也常常可以听到有关男女私通的"夜袭"故事。

"现在都听不到有关夜袭的故事了。啊,在我们年轻时,只要听到有漂亮姑娘,不远千里也会去找她。就连美浓的惠那郡都

---

[1] 宫本常一,同前书 P32。

去了……大概有三四里[①]远吧。"[②]

"和如今可不一样，那时候只要钻进了被窝，那可就不是单纯哄哄姑娘玩玩裤衩了……大家都是这么玩的。"[③]

上述是两位老翁的回忆。当然，也有老婆婆的回忆。

"你们都干了些什么呀？"

"我们的碗就是被这些夜袭者打破的……"[④]

瞧，"碗被打破了"，这是多么绝妙的比喻呀！[⑤]

宫本写道，他们是在田里劳作时，毫不避讳地坦然谈论着这些关于性的话题。正如"早乙女"这个词一样，农田里的劳动主要是由女性承担。但她们从未打算安安静静地操持农活，这些女性们一边劳作，一边热烈谈论着这些风月之事。

聊着这些无关紧要的话题，田里的农活不一会儿就做完了。然而，这样的庶民生活文化却被追求经济效率的浪潮清洗并吞噬掉了。

宫本写道，当时在二三年之间，妇女们会组成农耕小组，承接帮人种田等农活。价格是1反[⑥]地1000日元，只要提前预约好大

---

① 里：日本的长度单位，一日里为36町，约3.927千米。
② 宫本常一，同前书P78～79。
③ 宫本常一，同前书P78～79。
④ 宫本常一，同前书P80。
⑤ 在非洲用"葫芦"象征女性，在原住民的语言中，据说他们用"打破的葫芦"来形容失去处女身的女性。与"碗被打破了"有异曲同工之妙。在之前介绍的《远野物语》中多处写道，从现在会看过去的日本时，虽然住在同一个国家，但远野早已成为异邦之地。宫本所采访的老人们口中的讲起的庶民生活，对于生活在现代的我们而言，也宛如异邦一般。
⑥ 土地面积单位，一反等于992平方米。

致的日期，农耕小组便会按时前来做工。

对于农田的主人而言，这样可以省下拜托亲朋好友帮忙种地以及还要为他们做饭的麻烦。而对受托种地的妇女小组而言，农活做得越多收入也能越多。完全无暇闲聊。这样一来，田间地头闲聊的景象便很快地消失了。后来农业的机械化也进一步加速了这种文化的消失。

结果是，庶民在经济上得利。然而，日本人因此也失去了更多的东西。因为，正如宫本书中所写，种田这样的劳动已经成为一种巨大的痛苦。

如本书"前言"中所述，日本文化就像是"黑暗中的象"。我们所研究的日本文化中，一定有某些"忘记用灯光照亮的地方"。可以说在《被遗忘的日本人》中，宫本将这一部分鲜活地呈现在我们面前。

**掌握要点**

宫本常一通过彻底的田野调查,如实记录了被遗忘的日本文化。

其中记录的是被埋藏的日本文化,记录的是应该被传承下去的日本文化。

《日本人的传说与心灵》
河合隼雄著
（岩波现代文库/2002年）

## 100字摘要

作者认为古老的民间故事或发生的事情，是「心」中产生的故事或事件，进而比较西方的民间故事与日本的古老传说，阐明近代西方的心，也就是自我，与日本人的自我的不同之处，以及两者发展过程的不同之处。

**河合隼雄**（1928~2007）临床心理学家。曾留学瑞士，是第一位取得荣格心理学分析家资格的日本人。曾任国际日本文化研究中心所长、文化厅长官。

## 09 / 《日本人的传说与心灵》

从日本民间故事中解读西方的自我与日本式的自我。

### 应用深层心理学分析古老传说

本章介绍了从禅学、佛教、民俗学的观点分析日本人心理认同的书籍。然而，既然是探讨"心理"，那么当然必须介绍从心理学的角度分析"日本人心灵"的作品。接下来要介绍的便是河合隼雄所著的《日本人的传说与心灵》一书。

专攻荣格心理学的河合，在书中从神话与民间故事背后的民族普遍意识，也就是从集体无意识的存在这一立场出发，运用深层心理学来分析日本的古老传说，探寻传说背后日本人的心灵。

书中河合首先关注的是，西方人普遍所持的"自我"与日本人的自我的不同之处。为了凸显两者的不同，河合举出了"不准看的房间"等日本和西方都司空见惯的一系列故事为题材。

以"不准看的房子"为主题的故事，一般都是主人公对某一个人发出禁止做某事的指令等神话故事。其中河合列举了西方的"忠实的约翰内斯"故事。故事的主人公是一位王子，他突破父亲的禁令，跨越重重危险，最后得以与心爱的姑娘结婚。也就是西方故事中常见的英雄克服重重艰险，最终抱得美人归的故事。

河合认为这种模式的故事，充分地表现出了西方人自我意识形成的过程。这就是如何在由男权意识支配的西方文化圈中，获得女性化柔情一面（河合称之为"女性性"）。

## 从日本的民间故事看到的女性柔情

对于这一点，日本的"不准看的房子"系列民间故事又是如何呈现的呢？河合在书中列举了"黄莺之家"[①]的故事，与西方的传说试做对比。

有一天，年轻的樵夫在每天都会出入的森林里，发现了一座从未见过的房子。这时，一位美女走了出来，她因为要进城去，于是拜托樵夫帮她看家，临走前特意叮嘱樵夫："绝对不可以偷看房子里面。"

然而，樵夫并没有遵守诺言，偷看了房子里面，还打破了房间里的鸟蛋。女子回来知晓这一切后，随即化身为"黄莺"，悲泣着"我可怜的女儿呀，啾啾啾啾……"，展翅飞去。只剩下樵夫呆立在空无一物的荒野中。

除了"忠实的约翰内斯"与"黄莺之家"，河合在书中还列举

---

① 岩手县上闭伊郡收集的故事为基础创作的民间故事。

了日本和西方很多其他关于"不准看的房子"系列的民间故事，进行比较研究。通过研究，阐明了以"黄莺之家"为代表的日本模式的"不准看的房子"系列故事的共通点，以及与西方童话故事的不同点。

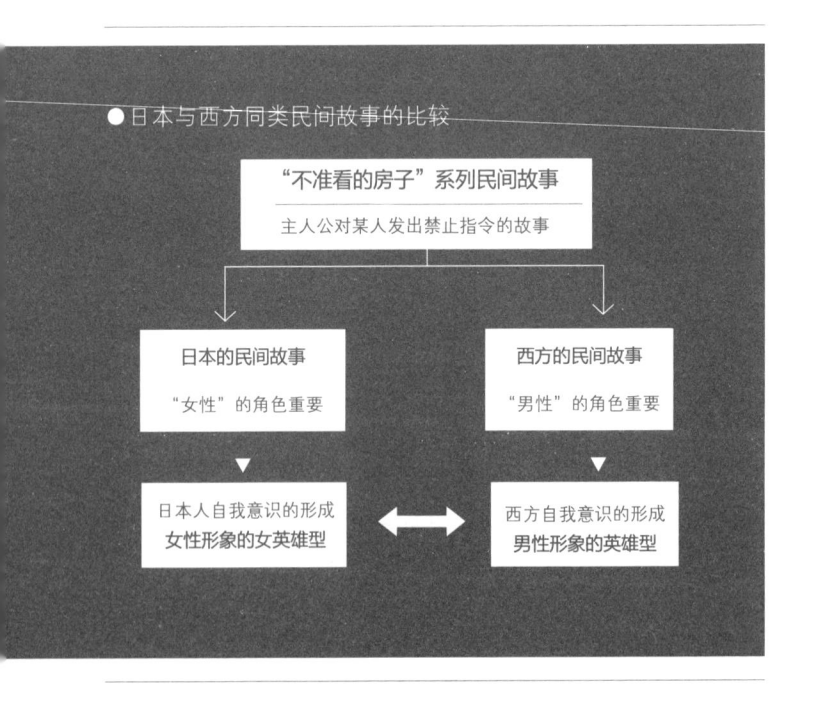

● 日本与西方同类民间故事的比较

"不准看的房子"系列民间故事
主人公对某人发出禁止指令的故事

日本的民间故事
"女性"的角色重要

西方的民间故事
"男性"的角色重要

日本人自我意识的形成
女性形象的女英雄型

↔

西方自我意识的形成
男性形象的英雄型

首先，与西方故事不同，日本模式的"不准看的房子"故事中发出"不准看"指令的人通常都是女性，女性在故事中扮演着极重要的角色。这一点与西方童话大不相同。

另外，还有一点也非常不同，日本的故事不像西方的故事，没有强烈的克服重重艰险最后抱得美人归的剧情色彩。日本的民间故事的结尾总是让人感觉，故事这样就结束了吗？

从这些不同点中，河合指出，日本民间故事的女性色彩浓厚，认为日本人的自我可用女性形象来表现。

此外，他还认为，日本模式女性形象的自我，超越了男女、日常与非日常，达到了无的境界，这与西方自我意识形成的模式完全不同。

为了进一步清晰地说明这种日本模式女性形象的自我意识，河合举出了"炭烧富翁"[①]故事中登场的女性。

故事中，接受父亲的安排结婚的女儿，起初忍受丈夫的傲慢，最后终于受不了了而离家出走（忍耐的生存方式）。后来她主动向一位名为炭烧五郎的男子求婚，成为了他的妻子（积极性）。

然而，炭烧五郎虽是一位才高八斗的人，他却毫不自知（潜藏的宝藏）。妻子唤醒和引导炭烧五郎发现了自己了才能，最终二人成为富翁，过上了幸福快乐的生活（点亮意识的明灯）。

这个故事中展示的并非打败怪物最终抱得美人归的西方典型的英雄形象，而是"在经历了忍耐的生存考验之后，华丽转身积

---

① 以在鹿儿岛县大岛郡收集的故事为基础创作的民间故事。

极主动，为对自己拥有才华的宝藏却毫不自知的男性点亮意识的明灯的女性形象"[1]。河合认为，这种女性形象才是最符合日本人的自我意识的形象。

根据河合的说法，如果可以用男性的英雄形象来表现西方近代的自我形象，那么日本人的自我形象则可以用女英雄形象代表。此外，如果日本人的自我存在方式不同于西方，那么发展出的文化自然也大不相同，想不到从古老的民间传说中竟也能看出这一点。

**掌握要点**

> 相对于西方人的自我形成是男性形象的英雄模式，日本人的自我发展则可以用女性形象的女英雄模式来表现。

> 日本人女性化的自我，超越了日常与非日常，以"无"为目标。这就是日本式的自我发展的模式。

---

[1] 河合隼雄《日本人的传说与心灵》（岩波现代文库，2002年）P313。

# 外国人眼中明治时代的日本

伊莎贝拉·露西·伯德·毕晓普
（Isabella Lucy Bird Bishop）

## 《日本内地纪行》
英国的女性冒险作家踏上陌生的日本内地之旅

明治时期有很多外国的旅行者，也就是所谓的环球旅行家（世界漫游家）造访日本。其中最有名的或许就是伊莎贝拉·伯德。

伊莎贝拉·伯德去到偏远的地方进行冒险旅行，发表纪行文章，是一位知名的女性冒险旅行作家。她于明治11年（1878）首次到访日本，之后她二度三度滞留日本。

伯德第一次到日本时，便将足迹延伸到当时几乎没有外国人去过的东北地方以及虾夷地方（北海道）。

明治13年（1880）出版的 *Unbeaten Tracks in Japan*（《日本的人迹未至之地》）如实记录了她这次旅行的见闻，其中部分内容翻译成日语，也就是这里所介绍的《日本内地纪行》。

《日本内地纪行》之所以今天仍然受到读者的喜爱，是因为伯德笔下明治10年代（1877～1886）初期的东北与北海道地区生活景象，对现在的我们而言已经如异国的世界一般。事实上，当时在那里上演着今天的我们无法想象的生活图景。

在那片土地上，伯德看到的是这样的光景，"年幼的孩子们脖子上挂着护身符，光溜溜的身体一丝未挂。他们的身体、衣物、房屋里都爬满了害虫"。

由于这片土地太过贫瘠，以至于同行的翻译男子（名为伊藤鹤吉）觉得让外国人看到自己国家居然有这样的地方是一件非常羞耻的事，于是催促着伯德离开。

当时，旅客在旅馆内毫无任何隐私可言。关于这一点，明治时期到日本旅行的旅客的游记中也常常能看到相关的记录。伯德也是深受其扰的其中一人。她描绘了在某个旅馆里的经历。

"拉门上全是洞，常常可以看到洞边有一双偷窥的大眼睛。个人隐私是连想也不敢想的奢侈品。"

而且，旅馆也常常喧哗到深夜。这一点也有很多外国的旅行者在游记中也写到。伯德的感受也相同。

"然而，夜越深，房内的喧嚣嘈杂却愈演愈烈，简直像是恶魔一般，凌晨一点之后仍不停歇。不停地敲击着太鼓、鼓和钹，古筝与三味线发出刺耳的声音。"

当然，伯德的旅程中也并非全是不愉快的事情。比如，借宿在日光金谷家的伯德，在那里度过了一段身心彻底放松的愉快时光。关于这一段体验，伯德在书中写道，"逃离了旅馆里让人苦不堪言的噪音之后，在这里的一片静寂之中，侧耳倾听音乐般的流水声与鸟叫声，真是让人心旷神怡。"对了，这里提到的"金谷家"就是现在"金谷酒店"的前身。

普遍认为伯德是冒险旅行家，走遍了日本各地。然而，实际上她也去到了京都和奈良等旅游观光地，绝非次次都在进行冒险旅行。《日本内地纪行》只是部分记录，她旅行的完整内容详细收录于《全译本 日本内地纪行》（平凡社，2012年～2014年）全四卷中。

### 书籍介绍

**《日本内地纪行》**

伊莎贝拉·伯德著，高梨健吉译
角川Sophia文库（2000年）
平凡社（2000年）
※文中引用内容出自该书。

### 作者

**伊莎贝拉·伯德**

（1831～1904）
英国的女性冒险家、游记作家。她的著作还有《朝鲜内地纪行》和《中国内地纪行》。

# Chapter / 3

何为日本风土的特性

《日本风景论》
志贺重昂著，近藤信行校订
（岩波文库/1995年）

## 100字摘要

该书问世于明治27年（1894），正是中日甲午战争开战的那一年。作者将日本的风景与外国各地的风景进行比较的同时，用强烈的笔触主张日本独特的自然之美具备可向全世界夸耀的特质。本书也被视为登山的启蒙书籍，对日本的登山爱好者有着深远的影响。

## 志贺重昂 （1863～1927）

出生于三河国冈崎（现爱知县冈崎市）。地理学家。从札幌农学校毕业后成为中学老师。自从南洋视察后，开始主张「维护国粹」，创办了杂志《日本人》。

# 10 /《日本风景论》

看看日本的风景！这才是日本引以为傲的至宝。西方的自我与日本式的自我。

**与《代表性的日本人》同时期出版**

内村鉴三的《代表性的日本人》于明治27年（1894）初版发行。同年，志贺重昂《日本风景论》问世。

志贺出生于文久3年（1863），明治17年（1884）毕业于札幌农学校。内村与撰写《武士道》的新渡户稻造是札幌农学校同届的同学，志贺比他们小两届，求学于同一所学校。

志贺曾担任中学教师，明治19年（1886），搭乘"筑波"号军舰视察了新西兰、斐济、萨摩亚群岛、夏威夷等南洋地区。

在这一趟视察之旅中，志贺目睹了盎格鲁撒克逊人入侵南洋诸国，赶走了当地的原住民，像当地的新主人一般得志的样子。被民族主义点燃的志贺回国后提出"保护国粹"，主张要保护日本不受欧洲帝国主义的侵略。他创办了杂志《日本人》，并担任主编，挥斥方遒。

著作《日本风景论》是在作者志贺强烈的民族主义思想下写成的作品。志贺在这部作品中，让读者重新认识了日本风景独特之美，他主张，这些都是他国没有而日本独有的巨大魅力。换言之，这部作品就是从风景解读日本的论著，又或者说是日本优越论。

接下来看一看书中的内容。

志贺在《日本风景论》的一开篇便点出"潇洒""秀美""跌宕"这三个关键词就是日本风景之美的本质。

"潇洒"指的是远离世俗、清爽无牵挂的状态。志贺指出，"日本的秋天"最能体现"潇洒"的趣味。而"日本的春天"则最能表现"秀美"的精髓。

以上提及的都是随着季节的推移而变化的日本大自然，对日本人而言可谓是习以为常的内容。与以上内容不同，志贺对于第三个关键词"跌宕"的理解却与我们日常的认知相去甚远。"跌宕"指的是"不拘小节，悠然自得。或者，豪放不羁。雄伟"（《广辞苑》）。

志贺列举的跌宕的例子，诸如笋岩耸立在广阔的太平洋上，在暴雪与惊涛骇浪的冲刷中，一只信天翁伫立在岩顶岿然不动；又或者是北海道沿岸左侧耸立着高达数十米的峭壁，右侧则是陡峭的断崖，断崖下滚滚惊涛拍岸等等。

总之，志贺想要说明的是，日本的自然也有粗暴跃动的一面，这正是第三个关键词"跌宕"所表现的风景之美。

●日本风景之美的本质

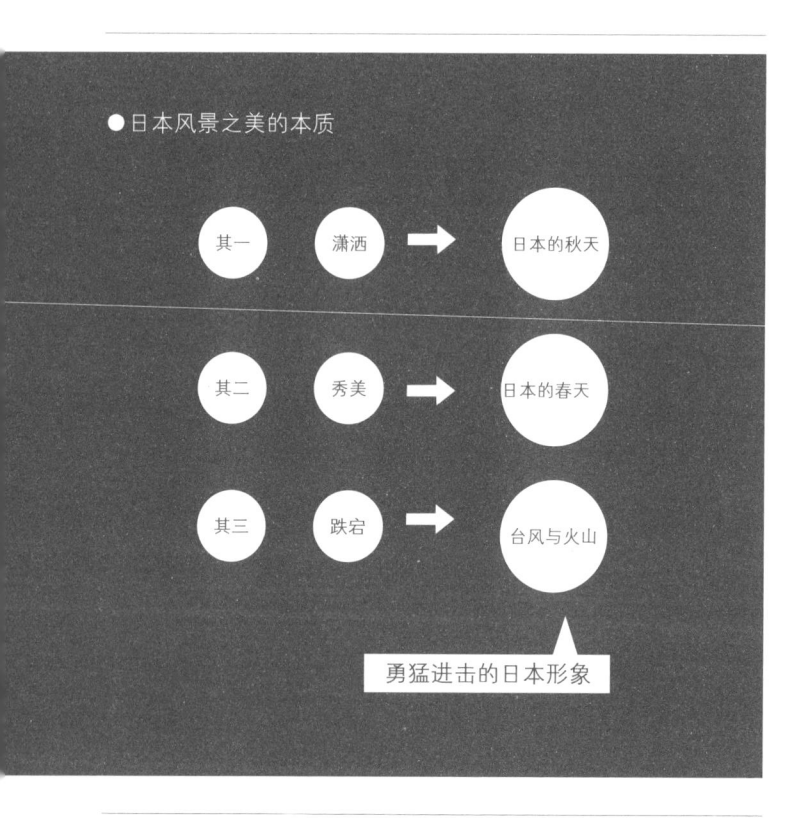

| 其一 | 潇洒 | → | 日本的秋天 |
| 其二 | 秀美 | → | 日本的春天 |
| 其三 | 跌宕 | → | 台风与火山 |

勇猛进击的日本形象

## 志贺眼中与台风火山重叠的东西

志贺将孕育出独特的日本风景之美的理由总结为四点。分别是①气候与洋流的多样性；②水蒸气资源丰富；③有大量的火山岩;④流水的侵蚀严重。

志贺在"绪论"中提出了上述观点,接下来又在著作中针对上述四点的理由进行了详细的阐述。

在孕育出日本自然之美的四点理由中,志贺特别强调了"台风"与"火山"的存在。在志贺看来,跌宕之中的最跌宕之物便是台风,孕育出日本风景之最美丽之景的最主要原因就是火山。

志贺究竟为何如此强调台风和火山呢?

若按照字面意思理解志贺的观点,日本的自然之美不仅有"潇洒""秀美"这样宁静高雅的一面,事实上还有像台风和火山一般粗暴活跃的"跌宕"的一面。

显然,这不过是表面化的解读而已。当时的日本正好处在中日甲午战争开战之时,志贺通过强调台风与火山,正好与在战场突进的日本军的形象重叠。

另外,也许是为了夸耀日本的卓越性,志贺还将日本的风景与世界各国的风景相比较,强调日本的优越之处。然而,这总给人一种王婆卖瓜的印象,不免让人感到有些羞耻。

虽说如此,对于明治时代以"坂上云"为目标,努力爬上山坡的日本人而言,日本拥有能向全世界夸耀的东西是非常必要、不可欠缺的一件事。而他们引以为豪的其中一项便是志贺指出的"日本的风景"。

这部作品的附录中设有"登山推荐"的章节,记录了登山准备和登上过程中的注意事项,其中"露营的方法"等内容还以图解的方式进行了详细介绍。为此，该书作为登山的启蒙书深受众多登山爱好者的喜爱。擅长写山岳纪行的文学家、登山家小岛乌水便是深受该著作的影响。

另外，生活在现代的我们在阅读该著作时，也能从中看出志贺开展自然保护运动的理念与行动。如此，《日本风景论》在阐述日本风景之外，还言及了登山和自然保护等领域，确实是一部非常奇妙的书。

### 掌握要点

正值中日甲午战争开展之时，作品阐述了日本的风景、自然之美的优越之处。

志贺所概括的日本风景之美的本质为"潇洒""秀美""跌宕"三项。

《风土》
和辻哲郎著
（岩波文库/1979年）

# 11 /《风土》

## 从风土中阐明日本人的文化特性与日本文化的深层特质。

### 100字摘要

作者将全世界的风土分为季风型、沙漠型、牧场型三种类型,展示了在各种风土中生活的人的特征,同时认为日本属于季风型风土的特殊形态,进一步从精神层面、习惯层面和文化层面解读了日本的特征。

### 和辻哲郎（1889~1960）

哲学家。从德国留学归来后,曾任京都帝国大学（现京都大学）与东京帝国大学教授。从近代西方哲学到东西方的传统文化,撰写著作范围广泛。

## 风土的三种类型

请试想一下"风土"这个词。所谓"风土"就是指自然环境吗？

哲学家和辻哲郎认为答案并非如此。和辻认为，风土是土地的气候、气象、地质、地味、地形、景观等的总称，是"人类自我了解的方式"。人类的自我了解？接下来具体说明这是怎么一回事。

我们人类与自然相伴得以生存。那时的人类慢慢地意识到自己所生存地区的自然环境之冷热，了解到其中的湿气与风雨等现象，并创造出和服和火盆，进而建造起能遮风挡雨的家。

就像这样，人们在与生存的那片土地特有的自然环境相伴相生的过程中，会通过各种手段进行开发，孕育出不同的风土。和辻将其称之为"自我了解"。自然环境"输入"人类生活，经过人类咀嚼后"输出"最适合自己的产物，便造就了风土。因此，这一过程就是"自我了解"。

其次，根据各种各样的条件，人类自我了解的形态会发生改变，进一步孕育出宗教、艺术、习惯和风俗等各种固有的风土。

因此，和辻认为，风土反映了生活在当地的民族的精神。

和辻在昭和2年到昭和3年（1927~1928）赴德国留学时，受到海德格尔哲学的影响，以此为契机开始了对风土产生了问题意识。

和辻于昭和10年（1935）问世的著作《风土》，正是他从历史性和空间性上考察了世界风土后，又特别从空间性风土特征，对日本和日本文化进行考察研究后写就的作品。

因此，书中和辻的探讨对象并非是自然环境，而是反映了民族精神的风土。另外，和辻还将焦点放在了孕育出这些风土的人们身上，用较多的笔触分析了这些人们身上的鲜明的特征。

和辻首先从确定风土的类型开始，抽丝剥茧，一层层分析清楚上述内容。然而，如果要将类型细分的话，那可能会没完没了。因此，和辻大胆地将风土分为了三大类型。

①季风型；②沙漠型；③牧场型。

"季风"指的是产生于热带地区的季节风。从地区分布来看，主要是从印度到东亚沿岸一带，日本和中国也属于季风地带。

接下来是"沙漠"，指的是存在于阿拉伯、非洲和蒙古等地的特殊环境，其特征是绵延不尽的沙海。

第三种类型"牧场"是德语中的"Wiese"，指的是生长着可作饲料喂养牲畜的青草的土地，也就是草原。和辻用牧场（Wiese）代表欧洲的风土特征。

## 从各种风土中看到的人之存在

接下来,和辻针对这三种类型的风土,引人入胜地描绘出各地人类的生存特征与生活特点。

首先是居住在季风地带的人们。季风气候最大的特点是湿气很重,这点比暑热更让人难以忍受,但也正因为气候湿润而草木茂盛,动物繁殖兴旺。和辻认为正因为如此,人们对于自然没有抵抗之心,给予宽容。

另外,湿润会以大雨、暴风、洪水的形式袭击人类。在自然的威力下,人们放弃对抗,敢于忍受。据此,和辻认为,居住在季风地带的人们普遍都比较包容与忍耐。

接下来是居住在沙漠地带的人们。面对自然,他们具有对抗性和战斗性的特点。他们为了对抗而团结在一起,和辻因此认为,沙漠地带的人们倾向于服从组织。

之所以会这么说还有一个原因,在干燥的沙漠中,自然时刻威胁着人们的生命。若只是默默地等待,那结果只有死亡。因此,人们必须步行到很远的地方去寻找泉水与绿洲,为了生存,常常因争夺粮食而发生纷争冲突。其结果,沙漠的人们只能走向战斗型、组织型。

这一点似乎直到现在也没有改变。

最后是居住在牧场地带的人们。他们只要经过一次开垦,便能在已征服的土地上永远生活下去。因此,自然并非他们战斗的对象。在这种被征服后顺从的自然环境中，很容易便能总结出规则性。若善用这种规则性，那么土地就会变得更加顺从，进而又能探究出其他的规则性。

就像这样，居住在牧场地带的人们非常理性，造就了自然科学的发达。和辻认为，这些正是牧场型风土的产物。

## 从风土中看到的日本人

根据上述思路，和辻进一步分析了印度、希腊、罗马，以及处于季风型风土特殊形态中的中国和日本。当然，我们最想了解的是身为日本人的和辻对于日本的分析。

由于日本也处于季风地带，因此具有包容性与忍耐性。然而，日本夏天有台风，冬天有大雪，可以看出日本同时拥有突发性的猛烈以及热带和寒带的双重人格特征。

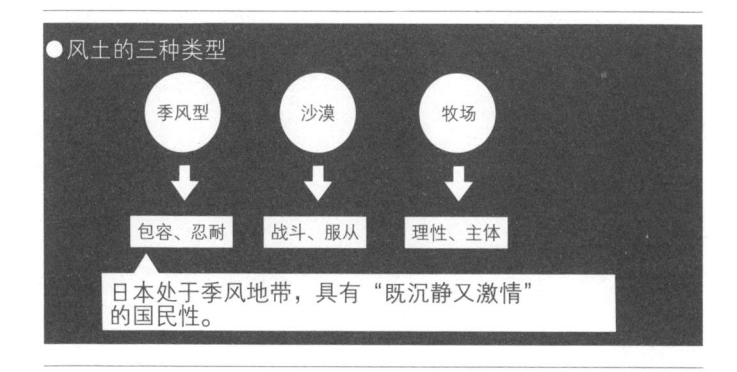

●风土的三种类型

| 季风型 | 沙漠 | 牧场 |
| --- | --- | --- |
| 包容、忍耐 | 战斗、服从 | 理性、主体 |

日本处于季风地带，具有"既沉静又激情"的国民性。

因此，当日本人包容什么事情的时候，在变化的各种瞬间也经常伴随着如台风或大雪般的突发性。在忍耐时也一样，既不像热带那般非战斗性的豁达，也不像寒带那种长期坚持不懈的忍耐，这样的忍耐中有时如台风般猛烈反抗，有时又突然沉静下来豁达无比。和辻这样描述日本人。

"沉静又富有激情，好战而又恬淡。这正是日本的国民性。"[1]

和辻的描述好像在说樱花一般，突如其来的灿烂绽放，瞬时之间又恬淡地散落一地。

日本人的这种特征也表现在人与人的关联上。牧场地带的欧洲形成了"城邦"，沙漠地带的人们形成了"部族"，与之相对，季风地带的人们，尤其是日本人，则形成了"家"。

和辻认为，在日本，夫妻与子女间的联系建立在一种深厚沉静、毫无隔阂的爱之上。这就是"家"的特征。这种情感也极富激情，为了家的名誉，人们往往非常恬淡地舍弃自己的生命。

另外，日本人将家理解为"内"，明确地区分"内"与"外"。另一方面，欧洲的城邦相当于日本的"内"。因此，在城邦中诞生

---

[1] 和辻哲郎，同前书 P166。

了西方式的以个人主义为基础的社交人际关系。

和辻认为,现在的日本人或许在形式上、在表面上学习欧洲的生活方式,但日本人是以家为基础的,是不注重经营个人主义式、社交性的公共生活的。从这一点看来,日本人并未完全欧化。和辻的观点是在昭和10年(1935)时提出的,不过今天看来,情况好像也并未改变。

读完和辻的《风土》之后,最大的一点感受便是,他凝视某件事物,反复冷静地进行演绎推理和思考,最后得出自己独特的结论。因此,除了要理解和辻论述的日本风土的特征之外,和辻对于思考的态度,也值得我们大力学习。

**掌握要点**

和辻将风土分类为季风型、沙漠型、牧场型三种。

日本属于季风型,具有台风与大雪般突发性的性格,具有热带、寒带的双重性格,沉静的同时又富有激情,这正是日本的国民性。

《文明的生态史观》
梅棹忠夫著
（中公文库/1998年）

# 12 / 《文明的生态史观》

揭示日本与欧洲平行并进的根据。

## 100字摘要

作者用生物学与动物学中常用的迁移理论,来解读文明的发展,并推导出文明发展的法则。最终分析出亚欧大陆的第一区域与第二区域在生态学上有着不同的发展这一事实。

## 梅棹忠夫(1920~2010)

民族学家,比较文明学者。在全世界各地身体力行地开展田野调查。大力推动国立民族学博物馆的创建,并于1974年担任首任馆长。

## 将文明分为两种类型

"成为栎社①的散木。"

这是梅棹忠夫人生的座右铭。到底是什么意思呢?

梅棹所说的"栎社的散木",出自于《庄子》中的"人间世篇"。一座寺庙背后长着一棵巨大的栎木。一天,木匠和他的徒弟们路过这里,但木匠却并未多加留意这棵巨树,正要错身而过时,徒弟们问到他为什么不将树砍下来用呢?木匠回答道:"这棵树之所以会长到如此程度,正因为它本就是一棵无用的树。"说完后,便头也不回地向前走去。

有用的树是"材木",无用的树则是"散木"。但是,换一种思维来看,正因为栎木是散木,所以才能一直未被砍伐,从而长成参天大树。梅棹自嘲从少年时代开始就总是做些对他人无用的事,希望能一以贯之地成全自己散木般的人生,所以才会说"成为栎社的散木"。

---

① 被世人当作神社的巨型栎树。

然而，当梅棹留下来的田野调查的笔记以及全22卷（附录1卷）的著作呈现在我们面前时，梅棹自称为"散木"未免太过谦虚。

其中又以梅棹于昭和32年（1957）稿杂志《中央公论》的论文《文明的生态史观序说》、其续篇《东南亚之旅》，以及以这两篇论文为中心整理的相关文论集合后，于昭和42年（1967）出版的著作《文明的生态史观》，是"二战"后日本人提出的理论中最具独创性的理论，影响深远。

梅棹理论的重点在于"生态"。在生态学中有这样的迁移理论，裸地生青苔，慢慢生长成草地，进而发展成森林。通过这个迁移的模型，可以大致说明潜藏于生物或动物等自然共同体的发展历史中的规则性。既然如此，那么人类文明，是否也适用于这个迁移理论呢？

梅棹的论文《文明的生态史观序说》解答了这个问题。

梅棹所说的"文明"，指的是强大的工业实力、交通通信网络、完善的行政组织和教育制度等，由人类、硬件设施与制度共同构建起的整体系统。

梅棹对横跨日本直达英国的整个亚欧大陆作为考察对象，认为从生态学的角度，可以将文明发祥的地区大致分成两类。梅棹将这两类分别命名为"第一区域"和"第二区域"。

如果将亚欧大陆看作是一个横长的椭圆形，那么椭圆的最东端和最西端就是第一区域，具体而言包括西欧和日本。剩下的部分则属于第二区域。值得注意的是，这种观点完全脱离了传统意义上的东方与西方的分类。

梅棹认为，第一区域的特征是生活形态属于高度的近代文明，与之相对，第二区域则并非如此。接下来他从生态学的角度说明了为何会发展出这样的结果。

## 梅棹提出的文明生态模型

在横长椭圆形的亚欧大陆上，大干燥地带从东北方向至西南方向斜跨整个大陆。第二区域占据了大部分的干燥地带。若将第二区域按照东西南北划分为四块，则可以分成①中国世界、②印度世界、③俄罗斯世界、④地中海·伊斯兰世界。

干燥地带孕育出反复进行暴力与破坏的游牧民族。在他们的暴力与破坏之下，第二区域的文明社会常常受到不可逆转、不可治愈的伤害。

然而，第一区域在位置上免于干燥地带衍生出的暴力之害。这样一来，属于第一区域的东西两端的文明便可以平行并进地发展。梅棹认为，最终结果就是日本与西欧发展出了高度文明。

换言之，第一区域的迁移属于"自成性"，也就是依靠内部的力量。与之相对，第二区域则是由外部的力量驱动的"他成性"迁移的一面更强。

梅棹在论文《文明的生态史观序说》中提出了上述观点。在另一篇论文《东南亚之旅》中进一步深化了自己的观点。

在这篇论文中，梅棹首先将图A进行了拓展。这个模型中，梅棹在图A的基础上加上了准干燥地带与湿润地带的界线。这样一来，便可清晰地看到日本与西欧的相互对应。

另外，东南亚与东欧的对应关系也凸显出来。泰国与印度尼西亚等东南亚国家被夹在印度、中国、日本之间，这刚好对应了波兰、匈牙利等中欧国家也被夹在伊斯兰国家、俄罗斯与西欧大国之间。

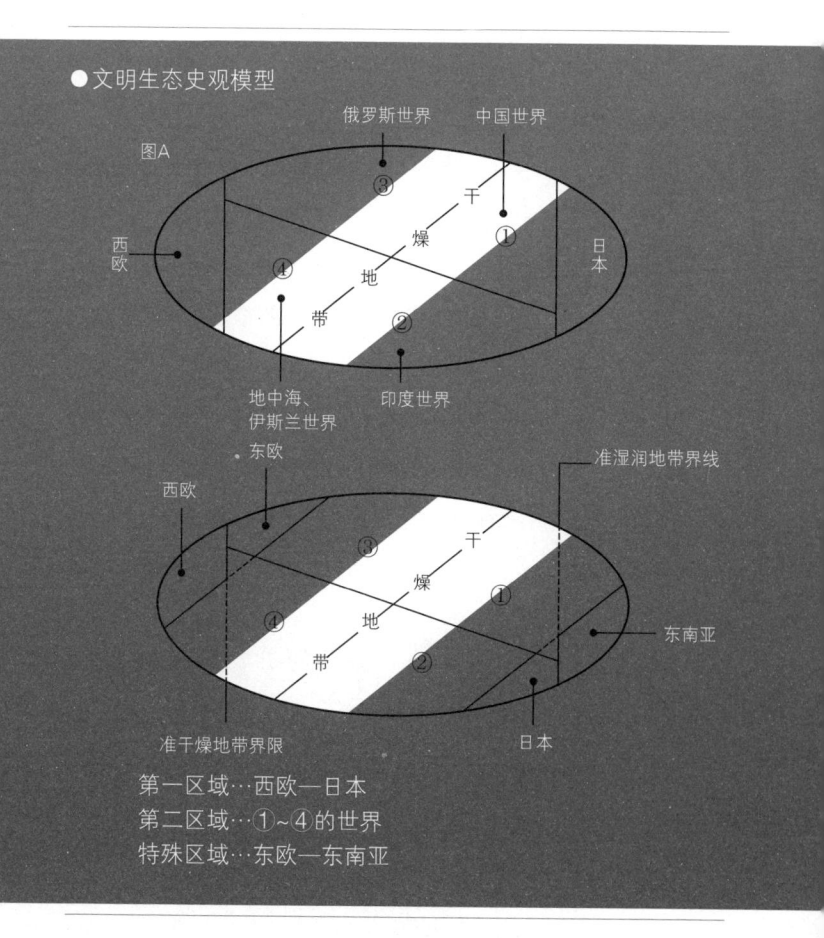

● 文明生态史观模型

图A

俄罗斯世界　中国世界
西欧
③　干
　　燥
④　地　①
　　带
②
日本

地中海、伊斯兰世界
印度世界

东欧
西欧
　　　　　　　　　　　准湿润地带界线
③　干
　　燥
④　地　①
　　带
②
　　　　　　　　　　　东南亚
准干燥地带界限
日本

第一区域…西欧—日本
第二区域…①~④的世界
特殊区域…东欧—东南亚

出处：根据梅棹忠夫《文明的生态史观》制成

东南亚与东欧均被划分成多个小国，拥有着不断被大国侵略的历史，在这一点上也相互对应。这样一来，利用图B，便能一目了然地看清地区的对应关系。

如上所示，梅棹的生态史观建立在非常简单的模型的基础上。但梅棹的模型中，充分或用了柯本的气候分类法[①]这一气象学知识，绝非是信口开河。

梅棹说，如果从生态学的角度研究，则可以得出所谓"历史"就是人与土地相互作用演进留下的痕迹。梅棹主张，决定演进形式的诸多要素中，最重要的便是自然要素，而自然要素的分布并非毫无章法，而是呈现出了几何分布的特征，而文明也按照这样的特征分布开来。

从上述梅棹的观点中可以看出，他非常重视自然因素，或许正因为如此，他对和辻哲郎的《风土》抱着非常严厉和谨慎的态度。因为梅棹认为，姑且不论哲学方面的考察，和辻完全忽视了气候学的成果。为此，梅棹断定和辻的《风土》是一部非常失败的作品。

要说梅棹的理论是完美无瑕，想必也有诸多异议。例如，经济学家川胜平太主张梅棹理论缺乏从海洋切入的视点。

川胜提出，16世纪时，西欧和日本已经掌握了发达的航海能

---

① 德国的气象学家柯本根据植被分布归纳出的气候分类法。

力，积极进入东南亚地区开展贸易活动。船只来往带来的经济发展对文明的发展起到了巨大的推动作用。也就是说，川胜认为无论是西欧还是日本都非自成性，而是从海上受到了他成性迁移的助推。他的这种观点可以说为梅棹的生态史观加入了"海洋"的要素。

虽说如此，梅棹的生态史观并非被全盘否定，直到现在，仍在不断地提升理论的完成度。尤其是在如今俄罗斯与中东局势紧张的情况下，梅棹理论值得深入探讨。

**掌握要点**

将亚欧大陆的东西两端划为第一区域，剩下的地区划为第二区域，从生态学的角度分别分析各个区域的发展。

根据这个理论可以看出，西欧与日本的发展实际上是平行并进的。

《日本边境论》
内田树著
(新潮新书/2009年)

# 13 / 《日本边境论》

日本人是边境人，就应活出边境人的样子。

## 100字摘要

作者将自认为是居住在中国版图边缘地带民族的日本人定义为「边境人」，分析了总认为「真正的文化都来自他处」「我们总有些地方不如别人」等边境人意识，如何支配着日本人的思考与行动。

## 内田树（1950~）

曾任神户女学院大学教授等。专攻法国现代思想。此外，他从学生时代便开始修习合气道，具有教练的水准。

**反复强调梅棹论**

内田树在著作《日本边境论》一开篇便写道,"本书通过画出一条名为'边境性'的辅助线来凸显日本文化的特殊性。"

看到这一句的时候,从头开始阅读本书《速读日本文化》的读者,一定会觉"这本书莫非与梅棹忠夫的《文明生态史观》有关系?"

不错,位于亚欧大陆最东端的日本的确是边境。

事实上,内田自己也说《日本边境论》确实是反复强调与重申梅棹半个世纪之前撰写的著作《文明的生态史观》中提出的主张。内田重申的是梅棹在《文明的生态史观》中提出的下列主张。

梅棹认为,日本人虽然有自尊心,但另一面,也具有某种文化上的劣等感。梅棹指出,这种劣等感就是,"真正的文化都好像来自于他处，而自己总有一种不如别人的意识。"[1]

那么，日本人究竟为何会有这样的想法呢？梅棹继续论述。

"这或许就是一开始以自己为中心发展出一种文明的民族，与一开始就是依附在一大文明上的边境诸民族，两者之间的差别吧。"[2]

请特别注意梅棹在上述主张中提到的"边境诸民族"几个字。内田用这几个字作为《日本边境论》的标题。显然梅棹上述的主张也正是《日本边境论》的主张，内田在书中也如下解释了反复强调梅棹主张的必要性。

原因就是日本人很快便忘记了梅棹所提出的重要见解。为什么会忘记呢？那是因为大家都忙于吸收和消化外来的新知识。那么，为什么人们会对外来的知识趋之若鹜呢？内田借用梅棹的话指出，那是因为大家被"真正的文化都是在其他地方创造出来的，总觉得自己不如别人"的意识困住了。内田强调，正因为如此，才必须反复重申与强调梅棹的观点，正因为如此，该著作才取名为《日本边境论》。

那么，日本人究竟是如何一步步走上边境人的道路呢？

内田在《日本边境论》中提到，这般历史是从日本人吸收中华思想，进而将自己定位在中国的边境位置开始的。

---

[1] 梅棹忠夫《文明的生态史观》（中公文库，1998年）P41。
[2] 梅棹忠夫，同前书《文明的生态史观》P42。

日本则是在公元57年时，发现了刻有"汉倭奴国王"的金印。因此，可见从那时开始，生活在日本列岛上的人们已经开始向中国皇帝朝贡，吸收先进的中华思想。也就是说，日本人作为边境诸民族，用内田的话说就是作为"边境人"的自我意识，早从2000多年之前就已经开始形成。

身为边境人的日本人，就像被中国皇帝认可为国王一样，总是不自觉地向外部的掌权者寻求公文上的认同，总是去依附外部能保证自己正当性的人。内田认为这是日本人深入骨髓的观念，无论如何也很难改变。

那么，日本人是否应该一扫而光自己身上的边境人劣根性呢？

内田的观点却是否定的。内田主张，既然如此，那不如就边境到底吧。

本来在漫长的历史长河中，日本人始终秉持着边境人的态度生存到今天。这其中应该是有其合理性的。那么，与其将日本改变成一个世界标准的国家，不如理解日本就是这样一个独特的国家，日本只能是这个样子，这样去想会比较轻松也更有意义。内田秉持着这种开放的态度。

仔细想想，边境人其实也有其优点。若一无是处，想必也不可能繁衍生存至今天。那么，边境人究竟有何优点呢？

按照内田的说法，首先便是学习能力。因为边境人坚信其他地方有更好更优秀的东西，所以在学习方面非常坦率而投入。这是其他民族很难效仿的一大优点。

其次,总是身处"落于人后"自觉中的边境人具有一项特殊技能,那就是可以将先锋与落后、主动与被动的关系转换成"色即是空"一般的"A即是B"的关系。比如"后即是先"或者"被动即主动"等等。这一点对于落后学习者而言十分有利。

然而,内田也敲响了警钟,具有这些优点的日本人,如今学习能力却在大幅退步。

归根到底,之所以有层出不穷的日本文化论著问世,难道不正是来自于"真正的文化在别处""我们总有些地方不如别人"这种缺乏自信的边境人意识的产物吗?然而,如果只是一味地重视外部的评价而丧失了学习的欲望,如果真是如此,日本恐怕只会陷入不堪设想的窘境之中。

**掌握要点**

日本人吸收中华思想成为边境人，因此，追求外部掌权者的认可的思想已经深入骨髓。

如今要做的不是更改掉边境人劣根性，更重要的其实是进一步提高边境人传统具有的"学习"能力。

# 外国人眼中明治时代的日本

埃内斯特·马松·萨道义
Ernest Mason Satow

## 《明治日本旅行导览》

向世界介绍日本文化　外交官所著的旅行导览书

一听到"Murray"或者"Baedeker"就会想到旅行导览书的人，可以说一定是海外旅行达人。

这两者都是出版人的名字，前者是英国人约翰·默里，后者则是德国人卡尔·贝德克尔。二人于1820年代后期到30年代初，专门出版旅行导览书。到了19世纪中叶，"默里手册"或是"贝德克尔手册"已经成为旅行书籍的代名词。

当时的日本，幕府于1854年与美国签订了日美亲善条约，1859年横滨开港。从此，日本被迫卷入世界市场。对于西方人而言，这也意味着日本成为了绝佳的旅行地。事实上，在横滨开港前后，来自世界各地的旅行者，也就是所谓的环球旅行家，大量涌入日本。

这样一来，一本导览日本的旅行书籍便不可缺少。事实上，早在庆应年间，日本就已经出版了介绍日本通商口岸的英文导览书。之后也陆续出版了多部其他旅行导览书籍。但集大成的是明治14年（1881）出版，由任职于英国公使馆的外交官埃内斯特·萨道义所写的《明治日本旅行导览》一书。顺便提一下，萨道义的英文为"Satow"，虽然发音接近，但与日本的姓氏"佐藤（Satou）"没有任何关系。

如果你认为当时的旅行导览书不过就是一本小册子之类的，那判断未免太过武断了。这本书的页数超过500页，拿在手上的感觉就像是拿了一本英日辞典。

另外，书的内容由"序说"和"导览"两部分组成，前者包含了旅行者不可或缺的旅行心得和关于日本文化的解说，后者则记录了具体的旅行线路和推荐的景点。

值得注意的是前者"序说"的部分。因为读完这一部分，就能窥见明治当时旅行的状态，也就是说可以看出当时旅行文化的一角。

比如，看到旅行相关事项的"手提行李"这一项。书中写到要避免提笨重的行李箱，并推荐使用"在日本被称作柳条箱的编织竹篓"。为什么最好用柳条箱呢？那是因为收纳空间小了，随身携带的行李也会变得更简单轻巧。

另外，"旅行心得"中还写道，"旅馆榻榻米或床铺上的寝具中，夏天常常是跳蚤成群，若不事先想好预防对策，恐怕将夜不成眠"，因此提醒大家准备好防虫粉，这在旅行中也不可欠缺。

大家感觉如何呢？仅从上述少量的资料，便可以在头脑中大致描绘出明治时期旅行者的模样吧。

正因为这是一本实用书籍，当时前往日本的环球旅行者几乎都人手一册《明治日本旅行导览》。

比如，荣获诺贝尔文学奖的英国作家鲁德亚德·吉卜林就是其中之一。他参考书中的记述，写就了日本印象游记，发表在报纸上。也就是说，对于当时来到日本的外国人而言，作为他们了解日本人和日本文化特征的信息源，《明治日本旅行导览》是一部非常方便的资讯类书籍。

### 书籍介绍

**《明治日本旅行导览》**

埃内斯特·马松·萨道义著，庄田元男译
平凡社（1996年）
※文中引用内容出自该书。

### 作者

**埃内斯特·马松·萨道义**

（1843～1929）
英国外交官。与幕府末期的有志之士交往较多，对明治政府的建立做出贡献。曾任驻华大使。

# Chapter

/

4

试论日本之美

《"粹"的构造》
九鬼周造著
（岩波文库/1979年）

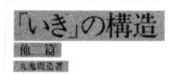

# 14 /《"粹"的构造》

啊，是粹！『粹』背后的哲学思考。

**100字摘要**

考察无法翻译成外语的日本独特概念——「粹」。作者利用长方体清晰明了地解说了「粹」的性质和适用范围。并将日本人感受到的「粹」，分为身体行为表现与艺术性表现进行分析。

**九鬼周造**（1888～1941）

哲学家。留学欧洲前后大约8年时间，向海德格尔、胡塞尔学习哲学。回到日本后，致力于普及西方哲学。其父亲九鬼隆一，是文部省官僚，管理美术行政方面事务，周造为家中的第四子。

## 分析"粹"的概念

"那位先生，真是'粹'"。

现在的风月场所也许还闪现着类似的对话。哲学家九鬼周造的著作《"粹"的构造》探讨的"粹"就是"那位先生，真是'粹'"中的"粹"。

这么通俗的"粹"怎么可能成为哲学家研究的对象呢？千万不能这么草率地下结论。在《"粹"的构造》一书中，对于"粹"这个十分贴近生活，却又没有明确的实体，甚至无法翻译成其他语言的日本独特概念，九鬼清晰地描绘出了它的轮廓，清楚明了地为读者分析了它的构造。因此，这部作品从以前开始便被认为是一部非常优秀的日本文化论。

另外，不断地在思考的基础上堆叠理论性的思考，最终推导出鲜明的结论，九鬼的这种研究方法也让人叹服。从这层意义上看来，这本书可以作为运用哲学思维思考事物的范本（但内容绝不晦涩难懂），为身处现代的我们带来有益的参考。

那么，九鬼是用怎样的方式来考察"粹"的呢？九鬼如此说道："我们首先必须领会存在于意识现象层面中的'粹'，进而去理解存在于客观表现上的'粹'。"①

虽然前面说了内容不会晦涩难懂，但这类型的书籍中，行文用词等表现生硬也是没办法的事。不过要点非常简单，九鬼只是想说，我们首先必须理解名为"粹"的现象，然后再试着去思考，我们身边的哪些现象正好符合"粹"，分为这两个阶段进行分析。

接下来九鬼继续说明如何理解"粹"的意义。首先九鬼归探寻出了"粹"的三种特征，即"媚态""气魄（骨气）""豁达"。

九鬼认为，媚态是以征服异性为假想目标时表现出的态度。人在展现这种媚态的时候就自然流露出"粹"，只是这种媚态中同时还存在以武士道理想主义为基础的"气魄（骨气）"和以佛教的非现实性为背景的"豁达"。九鬼将这些加以总结后重新对"粹"做出了如下定义：

"精炼的（豁达）、有张力的（气魄）、妩媚的（媚态）。"②

这就是"粹"的特征。

接下来九鬼开始思考与"粹"有着千丝万缕关系的其他品

---

① 九鬼周造《"粹"的构造》（岩波文库，1979年）P20。
② 九鬼周造，同前书 P32。

味与"粹"的关系。他将"粹"的适用范围归纳为"气魄"——"土气"、"高雅"——"低俗"、"华丽"——"朴素"、"甜味"——"涩味"这相互对立的四组共八种品味。九鬼用长方体直观表现出以上概念。

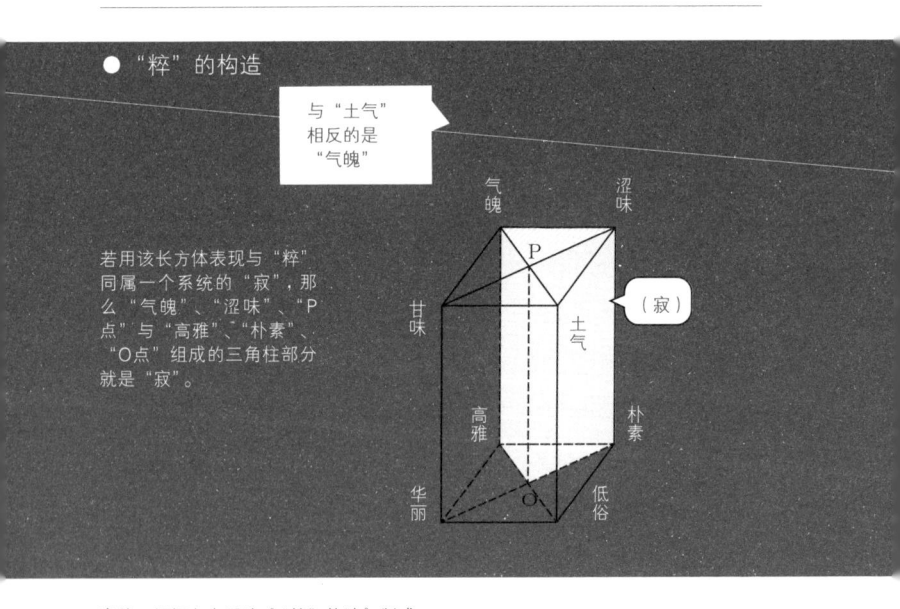

---

● "粹"的构造

与"土气"相反的是"气魄"

若用该长方体表现与"粹"同属一个系统的"寂",那么"气魄"、"涩味"、"P点"与"高雅"、"朴素"、"O点"组成的三角柱部分就是"寂"。

气魄　涩味　甘味　土气　（寂）　高雅　朴素　华丽　低俗　P　O

出处：根据九鬼周造《"粹"构造》制成。

---

## 九鬼提出的长方体

这八大品味大致可以分为与人生普遍相关的品味、与异性相

132

关的品味两大类。如图示，长方体上下面的两个正方体，代表的就是这两大类别。上面（"气魄"——"土气"、"甜味"——"涩味"）是与异性相关。而下面（"高雅"——"低俗"、"华丽"——"朴素"）则是与人生普遍相关。

另外，图中各个顶点都用边线或对角线联结起来。用线连起来的每一组品味，都可以理解为相互对立的概念。对立最明显的是上下正方形中用对角线联结起来的概念。

九鬼认为，可以将与"粹"同属一个系统的品味放入长方体的表面或者内部的某一位置，并列举了"寂"与"雅"、"味"、"造作"、"妩媚"进行说明。例如，在九鬼的定义中，"寂"这一品味，长方体的"O点""高雅""朴素"组成的三角形，与"P点""气魄""涩味"组成的三角形可以连成一个三角柱，而这正是"寂"的真面目。

"寂"是日本特有的概念，一般代表"古朴而有风情"（《广辞苑》）。然而，大家是否也觉得九鬼利用长方体模型进行说明，能更直观地掌握"寂"的真实样态吗？

如上所述，九鬼在阐明了"粹"的含义之后，紧接着分析了日本人在什么情况下会体现出"粹"。他从人的身体行为具体表现和艺术性表现中找出"粹"。

九鬼首先举出了"粹"最具代表性的一个身体行为表现，那就是女性出浴时的姿态。另外，他认为，要做出"粹"的表情，眼睛、嘴巴、脸颊必须兼具松弛感与紧张感，接着九鬼详细说明

133

了每一个重点。

另外,在艺术性表现方面,追求与图样和色彩相关的"粹"。更进一步九鬼的考察中还涉及了建筑领域,从"粹"的角度清晰地说明日本人偏好的样式。

从"粹"一个字就能发散出如此多元的思考,九鬼的研究方式着实让人感到新奇。另外,岩波文库出版的《"粹"的构造》中,另外收录了用同样手法探讨"风流"的文章《关于风流的考察》,内容也饶有趣味。

**掌握要点**

无法翻译成外语的"粹",其本质是"精炼的(豁达)""有张力的(气魄)""妩媚的(媚态)"。

由与"粹"关系密切的品味所构成的长方体中,可以从空间上把握与"粹"类似品味的位置。

《阴翳礼赞》
谷崎润一郎著
（中公文库/1995年）

谷崎眼中东洋神秘的本质，正是『阴翳』。

## 15 / 《阴翳礼赞》

### 100字摘要

昭和8年（1933）12月号刊至昭和9年（1934）1月号刊为止，于综合杂志《经济往来》上连载的随笔式的评论。作者从日本人日常生活中使用的器物和传统住宅中，看出了潜藏在日本传统之美的背后的『阴翳』的内涵。

### 谷崎润一郎（1886~1965）

起初是耽美派作家，后受到恶魔主义影响，关东大地震后移居关西。之后走向『回归日本传统』之路，极力宣扬日本的传统之美。

**存在于日本传统美之中的东西**

有一个词，叫作"凝视"。根据《广辞苑》的解释，"凝视"指的是"目不转睛、一动不动地注视"。若凝视身边琐事，也许会意外发现很多迄今为止都大意错过之事。上一节介绍的九鬼周造的《"粹"的构造》一书，也可以说是作者从哲学的视角，凝视从未有人认真研究过的"粹"而诞生的产物。

"凝视"这个行为做起来并不像它字面意义上那么容易。短暂的注视算不上是凝视。必须要有持之以恒持续关注的持续性。若想从日常事物中获得新的发现，必然需要持续花上很长一段时间吧。

因此，要做到凝视，除了要有求知的好奇心，耐力也不可欠缺。可称之为"凝视的精神"，是创造和发现时不可欠缺的要素。

文豪谷崎润一郎用这种凝视的精神面对"阴翳"，一语道破日本的传统之美中不可缺少阴翳，而阴翳正是区分西方之美与日本之美的要素。谷崎的小论《阴翳礼赞》便对这一点进行了详细论述。

然而,"阴翳"是一个较难理解的汉字词汇,又写作"阴影"。在日语中都读作"kage","翳""影""阴"的训读也都读作"kage"。过去在日语中,"阴影"和"阴翳"都是通用的同义词,现代则统一使用"阴影"。

不过,谷崎特意选用"翳"字,其中有特别的原因。请大家思考一下"影"。"影"给人的印象就是,光被物体挡住后产生的"像"。

与之相对,"翳"则没有明确的像。指的是整体灰暗的样子。读过谷崎所著《阴翳礼赞》的内容后,便会明白,最适合用来表现潜藏在日本传统之美背后的特点与性质的,并非是"影",而是"翳"。

举个例子具体说明。关于"厕",也就是厕所,谷崎是这样描写的。每次前往京都、奈良等地的寺院,看到过去那种古朴又昏暗且每个角落都打扫得一尘不染的厕所时,都让人深感日本建筑的可贵。谷崎之所以会这么说是因为,他认为厕所是最适合感受四季流转、草木枯荣的地方。谷崎提到,像这样的地方,最需要的就是"恰好微暗的光线""彻底的清洁"以及"连蚊子嗡嗡声都能听得一清二楚的宁静"。

确实如此,贴满了瓷砖、配有马桶专用水箱、四面洁白的墙壁被照得煌煌透亮的西式厕所,从功能上看来的确非常清洁,但却与"风雅"毫不沾边。

另外,关于像厕所这样的地方应该具备的"恰好微暗的光线"

这一点，谷崎的阐释是，厕所还是笼罩着朦胧微暗的光线为妙，何处清洁，何处肮脏，自然还是朦胧暧昧地泰然处之为宜。实际上，谷崎的这一番话其实非常清晰地概括出"阴翳"的特点。

谷崎所说的"朦胧与暧昧的状态"，指的并不是光照在物体上呈现出来的分明的明与暗之像，也就是说，并非是"阴影"的状态。

就如同水墨画的技巧一样，何处是明何处是暗都非一目了然，在这样的"kage"之中，谷崎感受到了厕所的风雅，感受到了日本建筑的可贵之处。因此，这里谷崎所说的"kage"并非是明暗分明的"阴影"，一定且必须是界线模糊朦胧又暧昧的"阴翳"。

谷崎首先通过描写厕所，凝视日本人觉得美的东西，从中发现了阴翳，再通过凝视阴翳，一步步接近日本传统之美的本质。

就这样，谷崎又将目光转向日本的纸、漆器（汤碗）、金莳绘、羊羹、大豆酱油、纯日本风住宅、和式房间以及壁龛，一一从中发现阴翳之美。可以说这就是再发现日本之美的凝视精神的活动。

## 西方人眼中"东洋的神秘"

以壁龛处为例。壁龛指的是用木材与墙壁隔成的一个内凹的空间。日本人将光线导入这个不起眼的空间，形成朦胧的光晕，制造出"阴翳"。其真实样态就是单纯的"阴"。

不仅如此，我们眺望壁龛的横木后方，插花周围，棚架之下等静谧的幽暗，从中也能探寻到永远不变的闲寂。

谷崎说道，这种幽暗所带来的让人毛骨悚然的静谧，大概就是西方人所谓的"东方的神秘"。谷崎通过凝视的精神，在阴翳中找到了东洋的神秘。

那么，日本人为什么喜欢阴翳呢？谷崎如此认为。

原本东方人都会在自己所身处的环境中寻求满足。这也是一种甘于现状的态度，如果环境变得一片暗黑，那么也别无他法，只好豁然处之。因此，谷崎认为，日本人面对光线不足也自有光线不足的应对方法，那就是潜藏入黑暗之中，从中找到自己独特的美。

意外巧合的是，和辻哲郎的《风土》和九鬼周造的《"粹"的构造》都提到"豁达"是日本人的特征之一。或许，这份"豁达"就是"东洋神秘"的源泉。

**掌握要点**

"阴翳"虽然也是光线产生的"kage"，却并没有一个清晰明确的像。指的是朦胧又暧昧、界线不明的幽暗。

从和纸、漆器、和式房间和壁龛等日本传统之美中也能发现阴翳。西方人将这种幽暗所带来的让人毛骨悚然的静谧称为"东洋的神秘"。

《我在美丽的日本》
川端康成著
（讲谈社现代新书/1969年）

## 16 / 《我在美丽的日本》

《我在美丽的日本》作品本身就演绎了一种极致之美。

### 100字摘要

这是作者于昭和43年（1968）荣获诺贝尔文学奖时，为了发表纪念演讲而写就的作品。通过道元禅师和明惠上人的和歌，阐释日本人热爱四季流转的自然美，并分析其背后蕴含的「无」的思想。

### 川端康成 (1899~1972)

活跃于大正末期至昭和时代的日本文坛。陆续发表《伊豆的舞女》《雪国》等名作。昭和43年（1968）荣获诺贝尔文学奖，是荣获该奖的日本第一人。

**资深的艺术品收藏家**

或许很少有人知道，川端康成也是一位艺术品收藏家。川端尤其爱好日本的古典美术。他曾经如此说过。

"美术作品，尤其是看到古典美术时，我深深地感到，只有在欣赏这些作品时，我才好像是真正地在活着。"①

川端收集的藏品中包含了三件国宝。其中之一便是在川端收藏之后被确定为国宝的浦上玉堂的作品《冻云筛雪图》。作品描绘了被大雪覆盖的山中景象，一种漫无边际的寂寥感扑面而来。

另外，池大雅的《十便图》和与谢芜村的《十宜图》也是被确定为国宝的作品。这两位江户时代的画家的各十幅作品集结成画册，称为《十便十宜帖》。

还有一幅作品，虽然不是国宝，但也深受川端的喜爱，那

---

① 川端康成《拱桥・秋雨・片刻》（讲谈社，1992年）P11。

就是明惠上人①书写的《梦记断简》②。川端曾写道，只要从书斋的柜子中取出《梦记断简》凝视欣赏，就会自然而然地涌起一股让人不可思议的怀旧感。他还说过："在写关于明惠上人的小说时，我会把明惠上人的书铺开在地板上，在写作的空档只要远远地欣赏着他的作品，就好像能给我的创作带来某种灵感和推动似的。"③

结果，川端并没有创作有关明惠上人的小说。然而，在执笔《我在美丽的日本》时，说不定川端真的把明惠上人的书铺开在地板上呢。为什么会这样说呢？接下来一边介绍《我在美丽的日本》的内容，一边详细说明。

### 通过和歌阐释日本人的审美意识

《我在美丽的日本》并非是小说，而是川端于昭和43年（1968）荣获诺贝尔文学奖时，为了发表纪念演讲而写就的演讲原稿。在讲谈社现代新书版的《我在美丽的日本》中，还附上了纪念演讲当时担任口译的爱德华·赛登斯德卡的英译版本。

这部作品中，川端引用了很多他喜爱的日本和歌。通过这些

---

① 镰仓初期的僧侣。他的学识受到后鸟羽上皇等人的高度评价。
② 明惠上人将自己做的梦细致地记录下来（《梦记》）。这里指的是关于这份记录断断续续的部分片段。
③ 川端康成《一草一花》（讲谈社，1991年）P88～89。

和歌，充分地阐释日本人的审美意识。

在作品的一开头，川端便引用了道元禅师的和歌。

春花秋月夏杜鹃

冬雪寂寂溢清寒

接下来，川端引用的和歌，实际上正是明惠上人的和歌。

冬月出云暂相伴

北风侵骨雪亦寒

关于这首和歌，川端根据明惠上人所写的和歌序言，细致地解说了这首和歌的内涵。

根据和歌序言的内容，明惠上人在元仁元年（1224）12月12日夜里，进入一间禅堂坐禅。坐禅结束后，从山顶的房间走回山下的房间时，忽地月亮从云层中现出皎洁的身影，照亮了明惠上人的脚步。虽然有狼叫声回响，但借着月光，就丝毫不害怕。等到他走到山下的房间后，月亮又躲到云层后面去了。

后半夜的敲钟声响起后，明惠上人再次起身前往山顶的禅堂。月亮从云层中再度现身，照亮了明惠上人前往禅堂的路。明惠上人伴着月光前进，当他进入禅堂后，月亮再次躲到了山峰背后。

明惠上人感到这月亮竟好不怕生，紧紧跟随着自己。于是将当时月亮的样子写成了那首和歌。

川端认为明惠上人的这首和歌是一首充分体现了对自然与人的关怀的和歌，是一首深刻展现了日本人之心的和歌。

前文提到，川端收藏了明惠上人的《梦记断简》。但上述和歌并非写在《梦记断简》之中。然而，川端在执笔《我在美丽的日本》中关于明惠上人的这一段时，说不定是希望"给自己的创作带来某种灵感与推动"，也许曾将明惠上人的《梦记短简》挂在书斋吧。当然，这只是我个人的推测而已。

## 川端在自然的背后看到的东西

回到《我在美丽的日本》的内容。

在书中，川端除了讲到道元禅师和明惠和尚之外，还介绍了良宽和尚、一休和尚、西行法师、小野小町、永福门院的和歌，淡淡地讲述了和歌中所蕴藏的日本之美，以及通过和歌依稀看到的栖宿在心灵深处的日本精神。

川端列举出的所有和歌有一个共通点，那就是爱好自然。其中，最一目了然地体现了这一点的，应该就是川端一开头就提到的道元禅师的和歌。

道元禅师的和歌中写道，"春之花，夏之杜鹃，秋之明月，冬之白雪"，只是列举了春夏秋冬最具代表性的景物。然而，川端却从这种对自然平凡的描写中，看到了日本之美的精髓。

之所以这么说，是因为，根据川端的观点，用"雪、月、花"等彰显四季特点的词汇来描述包括山川草木、森罗万象，以及一切人类情感在内的美，这正是日本的传统。

因此,《我在美丽的日本》中所列举的和歌,不仅仅是表现自然之美,从中更可以看出日本人普遍的思想。

另外,川端所列举的和歌背后也散发出"无"的思想。这个"无"并非西方概念中的虚无,川端认为"相反地,这是万有自在的空,无涯无边,无尽藏的心之宇宙"[①]。

### 若问心灵为何物 恰如墨画松涛声

这是川端列举的一休和尚所作的一首和歌。

松涛之声无法绘画出来。然而,如果是优秀的水墨画,即便没有真实地画出来,观者却仍能感到松涛习习,能够从无中感受到有。川端认为,这正是东洋画的精神,东洋画中常见的空间、留白和省笔,都是这些水墨画的灵魂。

另外,同样的精神还存在于日本的庭园之中,存在于茶室的壁龛处的一只插花之中。

川端认为,就像这样,无却能抱拥万物,却能解决矛盾,这正是日本之美。因此,正如川端在作品最后所写的一样,"无"与西方的虚无主义是内涵完全不同的两个概念。

然而,川端《我在美丽的日本》文章本身就是一种美。文章

---

① 川端康成《我在美丽的日本》(讲谈社现代新书,1969年)P22~23。

背后散发出一种能包容死亡的无的思想。在文中,他一方面批判芥川龙之介的自杀,另一方面又仿佛让人预感到他自己的自杀一般,是一篇近似于遗书的文章。

《我在美丽的日本》作品本身就是一种极致之美,请读者一定要阅读一次原作,亲身感受其中的魅力。

**掌握要点**

日本人打从内心深处热爱四季的流转变化。其中又以"雪、月、花"为最能表现四季之美的关键词。

日本人并非单单爱好自然,更能从中感受到"无"。潜藏在日本之美背后的正是这种"无"的思想。

《日本美的再发现 增补改译版》
布鲁诺・陶特著，筱田英雄译
（岩波新书/1962年）

# 17 /《日本美的再发现》

## 从桂离宫发现日本之美的德国建筑学家。

### 100字摘要

收录了作者在日本期间所写的有关日本之美的小论文和日记的摘选，共6篇。作者认为伊势神宫和桂离宫是日本最有价值的建筑物，相反却大肆批判东照宫，对于日本建筑的再评价带来了极大的影响。

### 布鲁诺·陶特（1880~1938）

（Bruno Taut）：德国建筑学家。设计建造多达12000户的集体住宅群落（其中一部分入选世界遗产名录）。昭和8年（1933），为了躲避纳粹而来到日本。

## 从全新视点看日本建筑

也许有人听过德国建筑学家布鲁诺·陶特的名字，但却很少有人知道他参与设计建造的建筑作品。想来这也并不奇怪，因为布鲁诺·陶特在日本的建筑作品只有热海的旧日向府邸而已。

事实上，在日本像布鲁诺·陶特这样出名方式比较另类的建筑学家可以说非常少见。之所以会这么说，是因为布鲁诺·陶特并非凭借自己的建筑作品成名，而是通过建筑评论等言论活动、写作活动在日本为人熟知。其中，至今仍被广大读者阅读的作品，便是这里要介绍的《日本之美的再发现》。

该书于陶特过世后的翌年即昭和14年（1939）出版，当初书中仅收录了论文2篇与日记2篇。后在改译时重新收录了2篇短文。现在市面上销售的就是最终的增补改译版。

其实陶特最广为人知的是"桂离宫①的再发现"与"日光东照

---

① 位于京都府西京区桂，是江户时代建造的宫家别墅。庭园与建筑物相互交织，造型极美。

宫[①]批判"。《日本美的再发现》一开始收录的短文《日本建筑的基础》是陶特于昭和10年（1935）时进行演讲的演讲稿，文中既谈到了桂离宫又谈到了日光东照宫，全篇内容可以看作是陶特表达对日本建筑的大致看法。

文中，陶特首推伊势神宫为日本最日式的建筑。之所以这样说，是因为他认为伊势神宫是日本受到佛教文化影响之前修建的建筑物。

伊势神宫的构造非常单纯与合理，排除了一切不必要的装饰性元素。陶特推论，想必在建筑之时就已经清醒地意识到，在每20年就要进行维护改建的时候，次次去替换那些奢侈的装饰品是毫无意义的事情。

然而，随着佛教的影响扩大，建筑样式也逐渐走向过度装饰。陶特认为，在丰臣秀吉的聚乐第[②]之后，日光东照宫迎来了过度装饰的巅峰。

陶特断言日光东照宫是专制者艺术的极致体现。陶特激烈地批判这里非但没有伊势神宫那般纯粹的构造，也看不到最上层的澄澈透明。甚至用到了"假货""山寨"等激烈的表达，可见陶特有多么厌弃日光东照宫。

虽说如此，伊势神宫的精神并没有从日本建筑中消失，可以

---

① 位于**栃木县**，是一座祭祀德川家康的神社。以神社建筑样式之一的"权现造"而闻名。
② 丰臣秀吉于安土桃山时代，在京都修建的宅邸，并且曾在此处理政务。

说继承了这一正统的正是桂离宫。

**从桂离宫看到的功能之美**

同书中收录的小论文《永恒的建筑——桂离宫》,详细论述了桂离宫。

陶特从功能性与符合目的性的建筑手法中看到了桂离宫的美。在陶特看来,建筑最重要的就是"功能",他认为"拥有杰出功能的建筑,同时其外观也必然杰出"[1]。陶特说桂离宫正是契合了他这一观点的最佳例证。

"真可以说桂离宫是在拥有文化的世界中,绝冠天下的唯一的奇迹。"[2]陶特反复强调桂离宫之美,他这赞不绝口的态度与对日光东照宫的评价可是有着天壤之别。

**再发现桂离宫之美的真的是陶特吗**

陶特盛赞桂离宫的主张也被媒体大肆报道。他也因此作为"再发现桂离宫之美"的人物而备受关注。实际上,陶特也曾自

---

[1] 布鲁诺·陶特著,筱田英雄译《日本美的再发现 增补改译版》(岩波新书/1962年)P158。
[2] 布鲁诺·陶特,同前书,P25～26。

吹自擂，在文章中写下自己是桂离宫的"发现者"。

或许这样的情况直到现在都没有改变。不管怎样，只要说起桂离宫，陶特的名字便会浮现出来，而提到陶特的名字，也一定会联想到桂离宫。正因为是桂离宫的再发现者所著的作品，陶特的这部代表作《日本美的再发现》才会直到现在仍然拥有广大的读者。

不过，关于这一点，我想要提出补充。

陶特是在昭和8年（1933），为了逃避纳粹的魔爪而来到日本。陶特之所以会选择日本，是因为在这之前几年，偶尔受到日本国际建筑会的邀请来过日本。

从福井县的敦贺登陆之后，陶特一路直接前往了京都。在他来到日本的第二天，突然间便去了桂离宫参观。是的，突然之间。

最合理的解释便是一位非常认可桂离宫之美的人物，带着陶特去参观了桂离宫。而带陶特去的这位人物似乎应该就是邀请陶特到日本的建筑学家上野伊三郎。也就是说，桂离宫之美早已获得上野等建筑学家的认同。这样看来，将陶特定义为"桂离宫的再发现者"，未免太夸张了些。

当然，上述观点还有待考证，是否正确暂不得而知。我认为应该由读者们阅读完陶特的作品后，再实际去桂离宫观览一番再下判断。从这层意义上看来，《日本美的再发现》也可以说是一部引导读者独立思考的教科书。

**掌握要点**

陶特从伊势神宫和桂离宫看到了日本建筑之美的本质,成为业界对日本建筑进行重新再研究的契机。

日本建筑的本质是拥有杰出的功能的同时,外观也同样杰出。

《民艺四十年》
柳宗悦著
（岩波文库/1984年）

## 100字摘要

收录了作者40年间所撰写关于民艺研究的成果。收录的文章包括《致朝鲜友人书》《木食上人发现之缘起》《杂器之美》《工艺之美》《美之法门》《利休与我》『日本之眼』等,可综观一览作者从事的研究工作。

## 柳宗悦(1889~1961)

美学家、民艺运动家。从匠人所做的日用杂货中发现美,并将其命名为民众性的工艺,也就是『民艺』。在东京·驹场创设日本民艺馆。

# 18 / 《民艺四十年》

柳宗悦的审美之眼正是超越了二元论的『日本之眼』。

**发现杂器之美**

用一句话来形容柳宗悦这个人物非常困难。

对日本在朝鲜半岛采取行动提出异议的人、爱好朝鲜之美的人、木食佛①的发现者、盛赞大津绘②的人、盛赞琉球之美的人……

在柳宗悦各种各样的工作中,最著名的当属发现日用杂货之美,将民众性工艺也就是"民艺"的启蒙运动付诸实践了。

柳宗悦的著作《民艺四十年》是将他关于民艺研究的论文集结成册的一本书。这部著作的第一篇是他于大正9年(1920)发表的《致朝下友人书》,通过整部作品,可一览40年来柳宗悦从事的所有研究。

我认为贯穿整部作品的主轴可以用"独特的审美之眼"来概

---

① 木食上人雕刻的佛像的总称。笑佛是其中最明显的特征。
② 相当于现在滋贺县大津市周边,于江户时代初期流行的民间绘画。

括。比如，收录于书的第2篇小论文《为了不能失去的一座朝鲜建筑》，当时的背景是大正末期，朝鲜总督府计划拆除光化门（景福宫的城门），柳宗悦看出了光化门的价值，正面反对总督府的拆除计划。柳宗悦的文章引发了舆论声浪，光化门也免于被破坏的命运，得以迁移。这是历史上的真实事件。

接下来，在小论文《木食上人发现之缘起》中记录了因为柳宗悦与木食佛偶然的相遇，让木食上人[①]与木食佛再次受到关注这一段故事的原委。关于木食佛的再发现，梅原猛曾经写道，"我认为，柳宗悦对木食佛的发现，是大正文化史上一段极美好的相遇。"[②]

为朝鲜半岛发声奔走、发现木食佛，皆出自于柳宗悦的一双"独特的审美之眼"。若是这双眼不够明亮，便无法看出光化门的价值，也无法发现木食佛的存在。

柳宗悦的这双审美之眼也强烈地关注了日用杂货。他让世人第一次了解到籍籍无名的匠人们创造出的民艺。这一主题的第一篇文章便是小论文《杂器之美》。

"所谓杂器，自然是指普通民众所使用的杂物器具。又因为是任何人都要使用的日常器具，因此也可将其称为民具。"[③]

---

① 1718～1810。在日本各地进行修行的，也雕刻佛像。
② 梅原猛《罗汉》（讲谈社现代新书，1977年）P214。
③ 柳宗悦《民艺四十年》（岩波文库，1984年）P81。

161

如此定义杂器的柳宗悦，紧接着列举了杂器的特征。那就是，材料经过筛选，实用又耐用，不需要上色与装饰。这些杂器是无名匠人在无欲的状态下做出来的东西，能够大量生产，且价格便宜。

柳宗悦之所以会将焦点放在杂器上，是因为现在被称为"大名物"的茶器名品，归根到底大多数也不过是杂器而已。柳宗悦举出了井户茶碗的例子进行说明。

井户茶碗是16世纪从朝鲜半岛传入日本的高丽茶碗的一种，纯粹作为日用品使用。然而，现在大名物"大井户茶碗 铭喜左卫门"却被认定为国宝，过去的日用品，如今却有着不可小觑的价值。

基于上述的情况，柳宗悦认为应该还有很多与大名物一样的各种杂器埋藏在尘埃之中。因此，他主张应该更加关注杂器，发现杂器之美。

能用自己独特的眼力去发现美的柳宗悦，常常被称作是"昭和的千利休"。

● 西方之眼与日本之眼

西方之眼

日本之眼

关注"完美之美"

**偶数美**

在写实性与远近法等中常见的具有合理性的"可切割"（=偶数）之美

关注"不完美之美"

**奇数美**

左右不对称，模糊，扭曲等"不可切割"（=奇数）之美

## 被比作是千利休而感到困扰

然而，柳宗悦在小论文《利休与我》中，对千利休的审美意识提出质疑。这是因为他认为利休非常擅长利用掌权者的权势。

利休的茶称为"闲寂茶"。然而，柳宗悦批判道，与权势结交，被财富与权力左右的利休的茶，真的称得上是"闲寂茶"

吗？此外，对于利休身为点茶人的生活方式，柳宗悦也嗅到了一股阿谀讨好的味道。

"我认为，利休是一个有真本事的人，但却不认可他在人格上是清洁而高雅的人。（中略），以现在的情况说起来，可能是比鲁山人更过分的人。(中略) 我的坚持是，我不想成为像利休那样的人。"[1]

多么辛辣的用词。然而，能如此堂堂正正地批判千利休和北大路鲁山人的人可能非常少见。不仅对自己的审美之眼，想来柳宗悦对于自己的行事作风也是充满了自信。

在从美的宗教运动的角度解读民艺运动的论文《美之法门》中，也表现出柳宗悦这种高洁的态度。另外，在《民艺四十年》收录的最后一篇小论文《日本之眼》中，柳宗悦表现出对于现在美术之眼受到"西方之眼"毒害的忧虑。

西洋之眼指的是以"完美之美"为目标的态度。与之相对，柳宗悦以"不完美之美"为目标，主张应该用超越美丑二元论、凝视自在美[2]的"日本之眼"来鉴赏美。柳宗悦描绘了他的梦想，那就是在欧美建设一所用"日本之眼"整理而成的美术馆。

当然，柳宗悦的梦想最终并没有实现。但是，昭和11年（1936），在东京驹场创设并开馆至今的日本民艺馆，收藏了很

---

[1] 柳宗悦，同前书 P291、292、294。
[2] 柳宗悦也将自在美称为无事之美、无碍之美等，他认为自在美最大的特征是不执着于完美或不完美的美。

多柳宗悦以独特的审美之眼收罗而来的民艺作品，恭迎八方游客光临。大家若想训练自己的"日本之眼"，请务必带上一本《民艺四十年》造访日本民艺馆。

**掌握要点**

柳宗悦将民众性的工艺称为"民艺"，主张日用杂器中蕴含了杰出的美。

不仅是用"西方之眼"观察美，运用超越二元论"日本之眼"欣赏美更为重要。

《日本的传统》
冈本太郎
(智慧之森文库/2005年)

## 100字摘要

冈本太郎从艺术家的视点批判日本的传统之美。他主张，不应该从怀古的角度探讨日本的传统之美，而是应该用现代的视点认真面对日本的传统之美，试着创造出全新的传统。

**冈本太郎**（1911～1996）

在法国度过青春时期，跟着前卫艺术家打磨自己的本事。曾留下名言「艺术就是爆炸」。代表作有《太阳之塔》等。

# 19 /《日本的传统》

反对怀古主义，凝视日本的传统，创造出全新的价值。

**凝视与创造日本的传统**

"过去的日本真好，相较之下，现在的日本……"

艺术家冈本太郎将上述这种，盛赞过去的日本"过去的日本如何如何"，而放弃现在的人称为"传统主义者"。冈本认为这些传统主义者都是怯懦之人。为什么会说他们怯懦呢？

根据冈本的看法，无论过去有多么美好，无论现在又有多么悲惨，但现在就是现在。既然如此，就应该正视现在，如果现实真是如此绝望，那么更应该用心凝视现状，以此为出发点，自己创造出全新的价值。这样一来，传统才能够健康地传承下去。

然而，传统主义者尽其所能地贬低现实，放弃了创造这一身为现代人的责任。因此，冈本才会批评传统主义者非常怯懦。冈本的《日本的传统》一书，正是反对这些传统主义者的观点，认真地面对日本的传统与其中的传统之美，并从中追求全新的创造。

该作品中，冈本列举出的日本传统之美共分为三大类。首先是绳纹土器，接下来是尾形光琳①，最后是中世的庭园。冈本直面这些日本的传统之美，用艺术家的视角，提出了不受过去常识牵绊的全新的看待事物的观点。从这个意义上说来，冈本太郎与九鬼周造和谷崎润一郎一样，都具有"凝视的精神"。

接下来，以冈本凝视绳文土器为例。冈本将绳文土器与弥生土器做比较，强调绳文土器"美到令人妒忌"。构成这种美感的其中一个要素是绳文土器的立体结构。冈本认为，绳文土器的空间处理丝毫不逊色于前卫艺术的雕刻作品，反而更胜一筹。

冈本继续强调，上古的绳文人居然能够掌握令现代人惊讶的空间感，细细想来这也并不奇怪。这是因为他们过的是狩猎生活。狩猎需要察知猎物的气息，确定猎物的准确位置，为此必须磨炼三次元的感知。因此，如同绳文土器呈现出的一般，绳文人能够精确地掌握空间。

与之相对，弥生土器的特征是平面且均衡，丧失了绳文土器特有的三次元敏锐度。自不用说，那是因为弥生时代的人们以农耕生活为主。农耕的特点是划分（metry）土地（geo）。也就是说，几何学（geometry）是其最显著的特征，这个特征也反映在弥生土器上。冈本认为，弥生土器这种展现平面性与对称的形式主义，成为了直到近世之前日本文化的特色。

---

① 1658～1716。江户中期的绘师，工艺家。代表作有"红白梅图屏风""燕子花图屏风"等。

然而，绳文土气所带有的粗犷感也潜藏在现代日本人的血液中。今天依然耸立在大阪千里世博纪念公园的"太阳之塔"[①]便是冈本运用绳文的血液所创造出的作品。看来，冈本不仅是通过《日本的传统》来论述创造全新价值的必要性，更以实际行动来阐述自己的理念。

**掌握要点**

一味回顾日本传统的传统主义者始终逃避创造，在这一点上确实怯懦。

只有彻底正视日本的传统，进行全新的创造，才能将传统传承下去。

---

① 1970年为了在大阪千里举办的世界博览会而设计建造的象征性艺术作品。

《论"可爱"》
四方田犬彦著
（筑摩新书/2006年）

# 20 /《论"可爱"》

## 「可爱」背后潜藏着奇异与怪诞,你察觉到了吗?

### 100字摘要

针对我们在日常生活中常常挂在嘴边的「可爱」,作者论述其美学、内涵与构成要素。此外,还提及了消费型社会中战略性地利用「可爱」的现实情况,并探讨了性别差异的问题、与全球化的关系等。

### 四方田犬彦(1953~)

比较文学家、电影史专家。曾在韩国、美国、意大利的大学任教。另外,也曾任以色列特拉维夫、科索沃的大学客座教授。

#### 明晰"可爱"的构造

我们日常生活中常常使用"可爱"这个词。接下来要介绍的这部由四方田犬彦所著的《论"可爱"》,正是将焦点放在"可爱"一词上,分析"可爱"的美学,以及赋予"可爱"的多重含义与要素的作品。

读完上述这句话,也许有人会联想到本章一开始介绍的九鬼周造所著的《"粹"的构造》。九鬼的研究对象是"粹",与之相对,这里关注的则是"可爱"。

这样的对比其实正中靶心。因为四方田在书中提到,创作这本书时,想着"这本书的结构设想,应该可以模仿《"粹"的构造》(1930)的形式"[①]。

然而,四方田最终还是放弃了用九鬼的方式论述"可爱"。主

---

[①] 四方田犬彦《论"可爱"》(筑摩新书,2006年)P190。

要原因是"可爱"不同于"粹",可爱中包含了无法相互比较的诸多要素。于是,四方田采用了如下的研究方式。

首先,他探寻"可爱"的语源,同时又根据大学生的问卷调查结果,分析"可爱"的现代用法。在此基础上进一步探讨"可爱"的构成要素,并研究媒体对"可爱"的使用方法、不同性别使用"可爱"时的不同感觉,还论述了全球化社会中的"可爱"等内容。

## "可爱"背后的怪诞

首先从历史性的观点考证"可爱"。四方田认为,可爱的源流可以追溯到11世纪初的《枕草子》,经过江户时代的歌舞伎和大众小说,一直到太宰治等作家为止,一脉相承。

另一方面,四方田还根据问卷调查的结果,分析了大学生对于"可爱"的印象具有复杂的两面性。一方面"可爱"中具有一种"魔幻的牵引力",可让人感到幸福的自我肯定,但另一方面却又感受到一种"反抗与厌恶",总觉得对方不把自己当回事,总觉得对方想要控制自己的感觉。

接下来,四方田分析了生活在现代的我们对哪些事物会感觉到"可爱"。这里,四方田将"可爱"与"美"的概念进行比较,探索"可爱"的要素。

首先,四方田举出"可爱"的根本是心的跃动,是亲切且可激发人们好奇心之物，具有一种始终未完成的性质。另外，他又提到，"美"常常与触碰对象的一种禁忌感（避讳）联系在一起，而与之相对，"可爱"却会激发人们想去触碰、想去保护的欲望。

根据上述分析，四方田提出了"可爱"背后潜藏着奇异与怪诞。

例如，请大家试着回想动漫中可爱的角色或是可爱的玩偶。如果剥离"可爱"的概念之后，再度凝视这些东西，看到的是异乎寻常般巨大的双眼，或是极其短小的腿脚，这些特征本质上都是身体的缺陷。也就是怪诞、畸形。

当然，只有怪诞也无法成为"可爱"。要想从"怪诞"成为"可爱"，必须要的是人们认为这个对象需要人类不断地保护，在人类社会中，这个对象必须是毫无防备、脆弱无助的。

四方田认为，"怪诞"与"可爱"比邻而居，两者之间仅仅隔着一层薄膜而已。这层薄膜是观念性的东西，人们在某样事物上投射上"可爱"时，就会产生这样一层薄膜，进而产生出"可爱"。因此，四方田认为，从这层意义上看来，"可爱"并非事物的本质，而是人们的心理投射。

构成这层看不见的薄膜的要素多种多样。其中最重要的要素是"迷你"。

日本人非常擅长将事物缩小[①]。四方田从这些缩小的事物中，

---

[①] 李御宁《日本人的"缩小"意识》（讲谈社学术文库，2007年）中指出，日本文化背后有一种将事物缩小的原理在起作用。这本书也是论述日本文化的论著，引起了较大的讨论与关注。

发现了特殊的时间的痕迹。

比如模型或人偶,通过将事物缩小后,截取历史流动中的某一个瞬间,将时间冻结。然而,在对被冻结的时间所倾倒的同时,现实的时间也不断在流逝。因此,很有可能会像"浦岛太郎"一般,等到反应过来时时间已经匆匆流逝。因此,要特别注意被"可爱"吸引。

现在,向全世界推广日本魅力的载体之一"酷日本"受到广泛关注。而酷日本中不可缺少的便是漫画与动漫的角色,其中都充满了"可爱"的要素。

这样看来,今后想要继续向世界推广酷日本的话,必不可少的就是要对"可爱"进行进一步分析。这部作品也许可以提供一些灵感与线索。

**掌握要点**

"可爱"的根本是心的跃动,是亲切且可激发人们好奇心之物,具有一种始终未完成的性质。

"可爱"的背后存在着"怪诞",实际上两者之间仅仅隔着一层观念性的薄膜。

177

# 外国人眼中明治时代的日本

爱德华·西尔维斯特·莫尔斯
（Edward Sylvester Morse）

## 《日本人的住宅》

发现大森贝冢的博物学家关于日本住宅的研究

爱德华·莫尔斯于明治10年（1877）来到日本，受聘于东京大学，是东京大学的首位动物学教授。他在东京品川区横跨大田区的地方，发现绳文时代后期的贝冢，即大森贝冢，并因此而名声大噪。

莫尔斯根据自己在日期间的日记，撰写了著作《日本的一天一天》（*Japan Day by Day*）。这应该是莫尔斯的作品中最著名的一部。该书于大正6年（1917）出版。

在距离该书出版的30多年前的明治19年（1886），莫尔斯出版了一本关于日本人的住宅和生活环境的书籍，就是这里即将介绍的《日本人的住宅》。相较于《日本的一天一天》，这本书让他成为了闻名世界的日本研究家。

然而，大家肯定充满了疑问，动物学家为什么会研究日本的住宅呢？

比起动物学家或生物学家，其实称莫尔斯为博物学家更加贴切。博物学家莫尔斯感兴趣的不仅是生物，他对无生命的事物也非常着迷。陶器便是其中之一。

莫尔斯是一位狂热的陶器收藏家，他周游日本各地收集回来的陶器多达数千件。莫尔斯将这些收藏品全数转让给了波士顿美术馆。直到今天这些藏品都是波士顿美术馆的重要馆藏。

另外，莫尔斯也热衷于收集民具。他收藏的民具现在都保存在美国马萨诸塞州的塞勒姆琵琶地博物馆中。

这样看来，兴趣广泛的莫尔斯对日本的住宅产生兴趣，也就没那么不可思议了。

著作《日本人的住宅》详细解说了住宅的外观、内部特征、庭园等，其中还细致入微地穿插了莫尔斯手绘的素描图。而且从书中描写中，可以看出莫尔斯细致的观察。

"要在厚板或薄板上画线，会将这个锥子插入木材表面，慢慢拉出线。线反复被拉出来时会沾上墨汁。只要用力一弹这条被拉紧的线，黑线就会清晰地印在板子上。"

这是书中关于"墨壶"的说明，这是用来为板面画长直线的工具。想必很多人都从未见过墨壶。

那么这些人如何才能写出上述的文字呢？不错，没有实际观察过是绝不可能写出来的。因此，从书中可以看出，莫尔斯实际观察过匠人们做工的样子。

此外，莫尔斯的该作品另外一大魅力就是丰富的素描。这些素描不仅补充了文字内容，莫尔斯独特的笔触还营造出一种不可言传的"和谐感"。

通过莫尔斯的著作，或许可以让人们的思绪飞回到古典又美好的明治时代的日本住宅中。

**书籍介绍**

《日本人的住宅》

爱德华·西尔维斯特·莫尔斯 著，斋藤诚二、藤本周一译
八坂书房（2004年）
※文中引用内容出自该书。

**作者**

**爱德华·西尔维斯特·莫尔斯**

（1838～1925）
美国动物学家，日本研究家。受聘到日本教授动物学的同时，深入研究日本文化。

# Chapter / 5

支撑日本人与日本社会成立的东西

《菊与刀》
鲁思·本尼迪克特著,长谷川松治译
(讲坛社学术文库/2005年)

# 21 / 《菊与刀》

西方文化与日本文化分属『罪感文化』与『耻感文化』。

## 100字摘要

作者作为文化人类学家，在第二次世界大战中，受美国政府的委托，研究日本人的文化心理。根据研究成果写就并出版了该书。作者将西方文化归类为『罪感文化』，与之相对，将日本文化归属于『耻感文化』。

## 鲁思·本尼迪克特
（1887~1948）

（Ruth Benedict）。美国文化人类学家。对北美原住民等开展调查研究，论证各种民族的生活或行为模式，根据各自的特征，可分为各种不同的『类型』。

## "菊"与"刀"的内涵是什么

第二次世界大战中，美国政府为了了解日本人的心理，委托文化人类学家鲁思·本尼迪克特进行调查研究。本尼迪克特以这次研究成果为基础，写就了著作《菊与刀》。原作于"二战"结束不久后的昭和21年（1946）出版，日译版则在昭和23年（1948）分上下两册在日本出版。

大多数人应该都听说过书名，但没有具体阅读过书的内容。这样的人头脑中可能会有一个印象，那就是"菊=天皇""刀=武士道"。然而这完全是误解。接下来，就根据本尼迪克特所说的要解开"菊"与"刀"真正内涵的念头，来解读这部著作。

书中，本尼迪克特举出，若想要理解日本人，首先最重要的就是必须理解阶级制度（身份制度）。

在西方，获得权力的中产阶级打破了封建制度和阶级制度。另一方面，在日本，距今约75年前（本尼迪克特创作当时算起）的明治维新终于推翻了封建制度，然而，这次革命是由部分武士和有实力的商人联手开展的，因此即使建立了全新的体制，原有的阶级制度仍然有所残留。

因此，本尼迪克特认为，阶级制度深深地烙印在日本人的基本观念中，只要能够保全自己在这个制度中应有的位置，那么日本人便不会反抗，甚至身在其中还会感到一种安全感。

本尼迪克特接下来注意到的是，日本人对于过去和日常的诸多事情常常感到亏欠的现象。自己能够来到世上是托了祖先的福，自己能够过上幸福的生活是托了社会的福等，诸如此类。本尼迪克特将这种亏欠的心理换言之为"恩"。对于这种亏欠感的"恩"，伴随而来的是债务的偿还。也就是义务。

这种义务与阶级制度有着紧密的联系，本尼迪克特将其大致分为两类。其一是对天皇的"忠"，其二是对父母的"孝"。本尼迪克特还指出，除了这两种之外，还有另一种稍显不同的义务，那就是"义理"。包含对社会的义理、与自己的名字相关的义理也就是名誉等。

就像这样，日本人被义务和义理这些债务的偿还紧紧捆绑住，本尼迪克特认为这些就好像是地图上的各个区域一般，有着明确的划分。

**耻感文化与罪感文化**

对于这些义务，日本人用"诚"，也就是诚实的态度面对。

不过，总还是会有态度不诚实，或是不遵循义理的情况。这种时候，日本人对社会会感到一种"耻"。本尼迪克特分析，日本人有极力避开这种耻的特征，因此，"耻"成为了日本人的行为准则。这与以自己内心的"罪"意识为行为准则的西方人形成了强烈的对比。

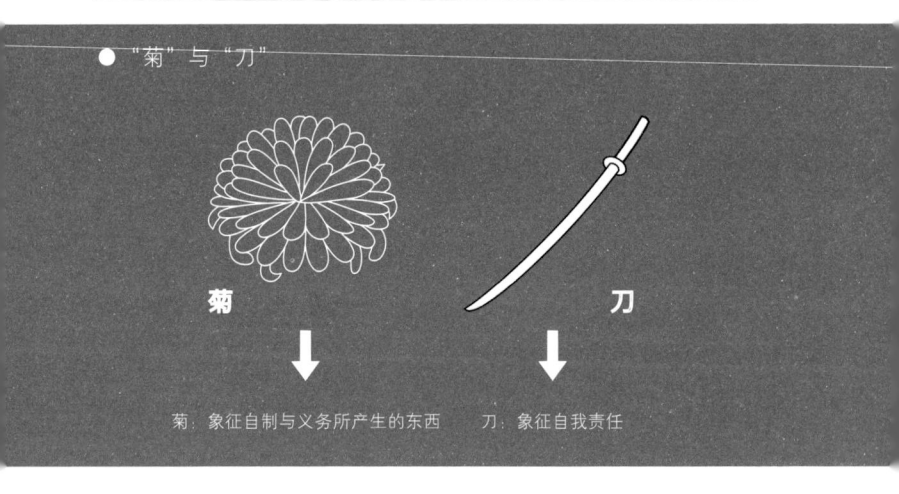

● "菊"与"刀"

菊：象征自制与义务所产生的东西　　刀：象征自我责任

据此，本尼迪克特提出了自己的结论，相对于西方的"罪感文化"，日本则属于"耻感文化"，同时提出了对现代日本人而言也如当头棒喝般的警句。

"真正的罪感文化是基于内在对于罪的自觉而行善，与之相对，真正的耻感文化借助于外部强制力来行善。耻是对于他人批评的反应。"①

对于外界的评判或批评担忧不已……大家是否也想到了什么呢？不错，就是梅棹忠夫与内田树所指出的边境诸民族吗，也就是边境人。身为边境人的日本人总是非常在意外界的批评，本尼迪克特准确地说中了这一点。日本人的边境人根性或许真的是根深蒂固。

这一点暂且不提。那么，最初的"菊"与"刀"又去哪儿了呢？其实，这与"耻感文化"也有很大的关系。

参加品评会的菊花都会整整齐齐、繁盛美观地插在轮台②上。请将这个轮台试想为日本人对于"恩=亏欠"的义务和义理等。也就是说，本尼迪克特认为，一直以来，日本人所认为的自由，都是在自制与义务之下"伪装后的意志的自由"③。这自由下盛开的便是轮台上的菊花。

然而，在"二战"之后的新时代，日本人迎来了不要求个人自制与义务的生活。轮台就此被撤走了。然而，本尼迪克特认为，在这样的过渡期，日本人应该运用两三条过去的传统美德。

比如，日本人在表达自我责任的时候，会使用"身上生锈"（咎由自取）这种说法，将自己的身体视作刀一般。就如同带刀

---

① 鲁思·本尼迪克特著，长谷川松治译《菊与刀》（讲坛社学术文库，2005年）P273。
② 将金属丝弯折后所做成的菊花底座。
③ 鲁思·本尼迪克特，同前书P362。

之人有责任保护刀的光芒，人也必须对自己行为的结果负责任。在这层意义上，本尼迪克特认为，刀并不是象征攻击，而是比喻能为自己的行为勇敢负责的理想人格。

总之，"菊"象征着忠、孝、义理等自制心与义务所产生的东西，"刀"则代表了堂堂正正的自我责任。这样一来便能理解"菊与刀"的真正内涵。

**掌握要点**

很多人容易将"菊"当作天皇的象征，而将"刀"视作武士道的象征，这都是错误的理解。

"菊"象征着过去的日本中，束缚日本人的自制与义务所产生的东西，"刀"则象征着自我责任。

《日本的思想》
丸山真男著
（岩波新书/1961年）

# 22 《日本的思想》

## 日本的思想构造是"章鱼罐型"。其问题点为何？

### 100字摘要

西方的思想构造是竹刷子型的，与之相对，日本的思想构造将西方思想当作是一个个零件，在不知不觉中吸收，因此形成了章鱼罐型的思想构造。作者主张，日本目前需要的是连接章鱼罐的"个别思想的坐标轴"。

### 丸山真男（1914~1996）

政治学家。分析日本的政治构造和政治思想，作为战后民主主义的主导者，影响深远。

## 从"后记"开始阅读《日本的思想》

有一些人主张"书要从后记开始阅读"。后记有时候会总结整理全书的内容。因此，如果从后记开始阅读，就可以更快地把握全书的大致内容，另外，在此基础上阅读全书，也能够更深入地理解内容。

当然，也有不少人认为，从后记开始阅读的方法是旁门左道。不过，丸山真男的《日本的思想》也许比较适合从后记开始阅读。因为后记中记载了很多阅读该书时的重要事项。

首先，《日本的思想》由"Ⅰ日本的思想""Ⅱ近代日本的思想与文学""Ⅲ关于思想的存在方式""Ⅳ'是'与'做'"四章构成。后记中明确指出前两章是论文体，后两章则是演讲体。据此可知，虽然全书主题一致，但收录的基本上都是独立的小论文。

另外，从《日本的思想》这个标题看来，可能很多人会以为该书是记述自《古事记》以来的日本思想史。然而，丸山在后记中提到"Ⅰ日本的思想"写作的原委，说明实际上并非大家所理解的日本思想史。因此，通过提前阅读后记，可以避免"这一定是一本论述日本思想史的作品"这类不明智的定论。

再者，关于贯穿于基本独立的四章中共通的主题，作者在后记中也做了明确的说明。

这主题就是，日本的"问题"在于没有形成将各种思想放在适当的位置，发挥坐标轴般作用的思想传统，目前的"事实"是从以前到现在大约千年的时间，世界的重要思想产物几乎都储存在日本的思想史中。《日本的思想》一书正是将这个"问题"与"事实"视作同样的过程，试图阐述从中衍生出的思想史问题的构造。

那么，接下来就以上述为前提，对《日本的思想》，尤其是"Ⅰ日本的思想"进行解读。

丸山的立论在于日本没有思想史这一点上。由于日本人不知不觉地吸收各种思想，以至于思想在精神内面进行空间性的配置，与时间无关，同时并存。因此，丸山认为日本存在一大"问题"，那就是欠缺能够在思想史上为各种思想定位的中枢或坐标轴。

另外，丸山认为出现了这样一种现象，日本将西方思想分解后，以零部件的形式吸收进来，而这些零部件有些与日本固有的常识性的想法一致，顺利地融入已有的思想库中。比如，日本自古以来的"无"的思想，与西方的虚无主义融合就是其中一例。丸山将这样的现象视作是一种"事实"。

●西方与日本思想的鸿沟

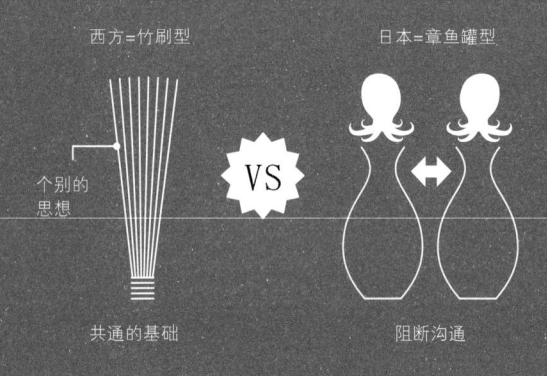

西方＝竹刷型　　　　　　日本＝章鱼罐型

个别的思想

VS

共通的基础　　　　　　阻断沟通

然而，将上述"问题"与"事实"视作是同一过程中的不用侧面时，日本的思想便会产生各种问题。其中一个问题就是"章鱼罐化"。

### 竹刷型与章鱼罐型的思想

西方的思想拥有深厚的传统。正值明治维新之时，西方的思想开始分化成了不同的学问。在继承希腊、罗马的共通基础之上，分化为各种学问，这样的情形与将剖成细长条的竹签收成一束,再将根部集中捆绑起来的竹刷[①]非常相似。一根一根独立的竹签就是分化后的学问,但根部拥有着共通的基座。丸山将西方思想的这种构造称作"竹刷型"。

日本是在明治维新之后开始像输入零部件一般,引进吸收这些分化的学问。由于是无意识地一个一个输入零部件,底座处当然没有绑在一起。也就是说,整体的学问中缺乏共通的思想史。不同于竹刷型思想,丸山将这种思想称作"章鱼罐型"。

就像这样,在根部没有共通基础的情况下,日本的学问持续发展。"二战"之前,天皇扮演了将章鱼罐捆绑在一起的角色。然而战后,捆绑的结松开了,结果导致政府、产业团体、学会、文坛、画坛、乐坛等各个章鱼罐间缺乏相互沟通,进而形成各个章鱼罐独自与世界交流的奇妙景象。进一步导致在日本全体国民中未能形成能引起全民关心的国家利益,也就是民族利益。

丸山认为,日本文化虽然被定为杂种文化,但事实上不同性质的思想并没有交集,只是同时存在于同一个空间中,这一点才是真正的问题所在。要解决这个问题,最不可欠缺的就是要编织起捆绑竹刷的基座,换言之,必须建立确定各个思想位置的坐标轴。这可以说是丸山在《日本的思想》一书中最主要的观点。

---

① 厨房用具之一。过去用竹刷来洗碗等。

**掌握要点**

西方的思想构造是竹刷型，与之相对，日本的思想构造属于章鱼罐型，因此在思想上产生了各种各样的问题。

意思就是日本没有形成将各种思想放在适当的位置，发挥坐标轴般作用的思想传统，因此必须要建立这个坐标轴。

《竖型社会的人际关系》
中根千枝
(讲谈社现代新书/1967年)

**タテ社会の人間関係**
単一社会の理論
中根千枝

## 100字摘要

作者阐述在个人与个人、个人与集体、集团与集团的人际关系中，不同情况下构成的孤立集团，以及从这个集团中诞生的「竖型」组织，是日本社会的原动力与特色。

**中根千枝**（1926～）

社会人类学家。曾留学印度和英国，是日本东京大学的首位女性教授，她还是日本学士院的第一位女性会员。

# 23 / 《竖型社会的人际关系》

## 竖型社会与横向社会，你喜欢哪一种呢？

**日本孤立的社会集团**

日本是竖型社会。听到这句话，相信很多人都会连连点头。提出这个"竖型社会"说法的是社会人类学家中根千枝，而《竖型社会的人际关系》一书则是他将自己的观点浅显易懂地解说给读者而撰写的著作。

竖型社会指的是像父母与孩子，上司与下属，师父与徒弟这样，竖型关系发挥强大功能的社会。为了理解竖型社会的形成过程，中根首先分析构成社会集团的两大要因——"资格"与"场所"。

所谓资格，指的是姓氏、血缘、学历、地位、职业等，个人区别于他人的属性。与之相对，根据"场所"构成的社会集团则是指在地区、所属机构等与资格无关的某种既定的框架下，由个人构成集团的情况。

在"场所"的概念中，最容易理解的便是"家"这个既定框架。在日本，"家"的概念深入骨髓。也许正因为如此，比起资格，日本根据场所构成的社会集团，拥有更显著的特征。另外，在根据"家"的概念构成的集团中，明确地区分了"内部的人"与"外部的人"。后来，这样的思维也深入蔓延到以企业为代表的日本集团中。

随着这种区分内与外的差别意识越来越强，要与其他集团保持顺畅的关系也变得越来越困难。中根认为，这样的结果就是导致日本社会中，各个企业与各所学校等竖型的集团各自为政，孤立存在。

根据场所构成的集团与根据资格构成的集团，特点完全不同，它是拥有不同资格的人们的聚集之所。为了加强这类集团内部的关系与团结，必须让成员们感到大家是生命共同体，或是必须制定出管理集团的规则。

以公司的情况看来，员工旅行或聚餐等亲睦活动相当于前者，后者则反映在公司的组织体制上。

在构建组织体制时，根据场所构成的社会集团采用的是上司与下属这种竖型的人际关系，采用的是论资排辈的人际关系。因此，比起个人能力，更看重论资排辈，这就是公司里竖型的人际关系。

### 竖型集团与横向集团的差异

以场所为基础的集团组成竖型的组织，与之相对，以资格为基础的集团则组成横向组织。中根用底部开放三角形代表竖型集团的组织构造，再用底部封闭三角形代表横向集团的组织构造，开展论述（参考下图）。

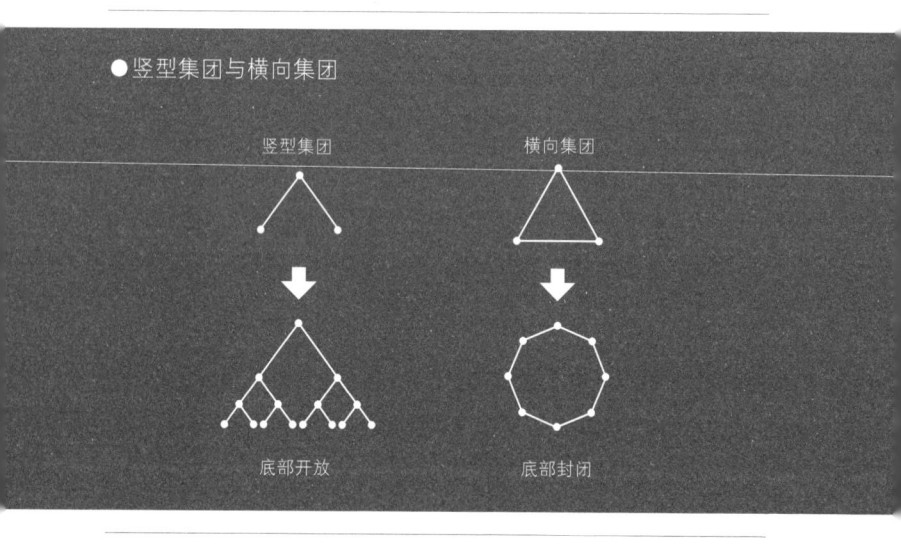

● 竖型集团与横向集团

竖型集团　　横向集团

底部开放　　底部封闭

若将这个构造复杂化，竖型集团就衍生成好几段的阶层状。与之相对，横向集团则会并列连接，逐渐扩大接近圆形。

两个集团对于新人的加入有着不同的特征。竖型集团的下方是开放的。因此，只要是原成员提出要求与希望，不需要全体成员的同意，新成员便可加入。

与之相对，横向集团有新成员加入时，必须要全体成员同意才行。如果这样太麻烦，就会制定明确的规则，只有符合条件的人才能加入。中根认为，从这一点看来，竖型集团的底部是打开的，意味着比较开放，而横向集团相对比较排他。[①]

接下来，一起聚焦竖型集团。竖型集团的优势之一便是指令可以顺畅传达。另外，当集团面临危机时，由组织干部做出决策，然后上传下达，组织可以快速地采取行动。

不过，竖型集团也存在缺点，那就是最高层的意思无法直接送达最末端。指令都是由直属上司进行传达。有时，与最高层的意见有出入，还会在组织内结成更强有力的组织，也就是所谓的党中党。

中根认为，集团内结成党中党可以说是竖型集团的宿命，常常酝酿着分裂的危机。实际上，政党的派系其实就是党中党，派系是导致正当分裂的导火索。这一点，古今如是。

另外，竖型集团中还存在着组织力学。比如，高层领导下面有3名干部，3名干部又有各自的下属。3人中若有一位得力干将，按照他的方针去发展集团，那么难题将一个个迎刃而解。

然而，这位干将并非集团的最高层领导。他能够调动的只有他自己麾下的下属，也就是党中党的成员们。若他想要大展拳脚，方便起见必须抬高最高层领导，通过让最高层领导发号施

---

① 也可以反过来思考。由于竖型集团的加入规则不明确，所以比较排他。而横向集团的规则明确，可以说相对开放。

令，使他自己的方针可以渗透到集团内部。这样一来，通过借助集团最高层领导的力量，就能推动自己的想法实施。

中根认为，这样看来，最高层领导所应具备的，与其说是领导集团的能力，更重要的是来自成员下属们的尊敬。

中根在1967年出版该书，距今已经近半个世纪了。虽然如此，书中提出的上述主张，依然十分适用于分析现代日本社会。

**掌握要点**

社会集团的构成可以分为，根据"资格"构成的集团与根据"场所"构成的集团。日本的集团多是根据"场所"构成的。

在根据场所构成的集团中，按照论资排辈来维持集团的意图较强。在日本，组织的特色便是这种竖型构造。

《日本人与犹太人》
伊扎亚·卞达森著
（角川Sophia文库/1971年）

イザヤ・ベンダサン
日本人とユダヤ人

## 100字摘要

该书是作者扮成犹太人,将日本人与犹太人做比较,分析两者思考与行动的不同点的一部特色鲜明的著作。作者从自己独特的视点阐述了在日本经济急速成长的时代,日本人的勤勉、擅于模仿等特征。

**伊扎亚·卡达森**(1921~1991)

原名山本七平。评论家。开设山本书店,站在基督徒的立场出版与基督教相关的书籍。以评论家的身份出版过多部著作。

## 24 / 《日本人与犹太人》

畜牧民眼中的农耕型边境民的特性为何?

**问世于世界博览会之年**

众所周知，《日本人与犹太人》的作者伊扎亚·卞达森其实就是评论家山本七平的笔名，因此，接下来的介绍中都称该书作者为山本。

这部著作《日本人与犹太人》问世于昭和45年（1970）。对于50岁以上的人来说，这一年可谓是印象深刻的一年。日本世界博览会于这一年在大阪千里举办。这是继东京奥运会之后的又一大盛事，高调彰显了日本不仅是高速发展的经济实力，文化方面也已经可与世界比肩。

当时的日本真可谓是势头强劲。然而，另一方面却被国际社会揶揄为经济动物。也就是说，一方面充满自信，另一方面却因为世界在背后的指指点点而丧失自信。可以说这就是当时的时代背景。身处这样的时代，人们自然地开始了自我问答，究竟什么是日本人？只要出现对这个问题提出明确答案的书籍，人们便趋之若鹜。

在这个时间点上,《日本人与犹太人》问世了。该书并非常见的欧美与日本的比较研究,而是与犹太人做比较,这种独特性让该书成为了畅销书。

该书的书名虽然是《日本人与犹太人》,但其最大的主题在于比较边境诸民族与游牧民,更严谨地来说应该是以农业为生的"边境人=日本人"与信仰犹太教的"游牧民=犹太人"之间的对比。

梅棹忠夫《文明的生态史观》中关于游牧民的记述如下,"干燥地带是恶魔之窟。暴力与破坏的源泉。自古以来,游牧民施展暴力,破坏周边的文明世界。"[①]犹太人也因此被国家流放。

因此,日本人与犹太人的安全意识可谓有着天壤之别。日本人认为水与安全唾手可得,但对于犹太人而言,生命的安全胜过一切,甚至有时候不惜重金也要确保生命安全。如上所述,该书从多个方面对居住在边境的日本人与属于游牧民的犹太人进行比较,日本人的特征也跃然纸上。

### 日本人勤勉的理由

再举一个例子。犹太人是以饲养羊为生的游牧民。与之相对,日本人则是以农业为生的边境人。农业只要精心耕作,就可

---

① 梅棹忠夫,同前书《文明的生态史观》P203。

以提高产量。但游牧民却不同，无论他们如何努力按摩羊的肚子，也不可能让它们加速繁殖。山本认为这就是日本人比犹太人勤勉的原因。

另外，山本还认为，日本的四季也促使日本人更加勤勉。之所以这样认为，是因为日本几乎每九十天季节就会变化流转，必须在有限的时间内进行耕作。山本将其命名为"运动型农业"。只要时令一到，农民们便会集体出动进行农业活动，所以称之为运动。

不参加运动的人，会被周遭的人指责为懒人。另外，不能按时完成农活的人又会被说手脚太慢。对于极在意周围人眼光的日本人而言，没有比被贴上这种标签更耻辱的事了。山本认为，这也成为了日本人勤勉的原动力。

另外，这种运动型农业衍生出了"邻居百姓"的奇妙方式。只要邻居开始播种，自己也效仿他播种，只要邻居开始收稻，自己也效仿他收稻。按照这样的方式，只要邻家住的是优秀的农民，那么自己的收成也一定能增加。可以说是非常聪明的做法。

山本在书中写道，"欧美在百年之间，都被日本人当作邻居百姓。"[1]这句话完美地言中了完成工业化的日本的成功之处。

然而，山本写下这句话的20年之后，成为"Japan as number

---

[1] 伊扎亚·卡达森《日本人与犹太人》（角川Sophia文库，1971年）P54。

one"①的日本却无法成为他国的"邻居百姓",从那之后经历了长时间的经济停滞,直到现在。从这一点看来非常讽刺。

进而,山本也深入批判了日本特有的精神性。山本说,犹太人从不通过大讨论的方式达成全体一致的决定。这是因为犹太人的思维前提是,他们认为"人类绝不可能正确无误"。因此,这意味着,全员赞成就代表全员都搞错了,有少数的反对者代表得出的结论比较接近正确答案。

与之相对,日本人是全体通过来决定事情。然而,在这些决定背后,仍有不成文的规定,即使全体通过的"法",也不能忽视"法外之法"。"酌情处理"和"法外开恩"就属于"法外之法"。而且其特征就是靠"弦外之音",也就是以心传心。

山本主张,由"法外之法""弦外之音"定义的人性,才是不知不觉中深入日本人骨髓的所谓"日本教"②的根本理念。

然而,外行人很难理解"法外之法"或"弦外之音"。因此,无论过去还是现在,日本人都很难得到世界的理解。就算是为了弄清这一点,我认为该书也非常值得一读。

---

① 美国社会学家傅高义(Ezra Feivel Vogel)于昭和54年(1979)出版的同名著作中的一句话,一跃成为当时流行语。该书也是由外国人撰写的著名日本论之一。
② 山本七平创造的词。指的是不知不觉中深入日本人内心的思想或宗教。

**掌握要点**

将属于边境民族的日本人与属于游牧民的犹太人进行比较的日本文化论。

山本认为日本人的思想、信仰是"日本教",其根本理念是人性,用"法外之法"与"弦外之音"定义。

《依赖心理的结构》
土居健郎著
(弘文堂/2007年)

## 100字摘要

作者是一名精神分析师,留学美国时开始关注『依赖』的心理,并就此开展考察研究。通过列举日本人的想法、心理和社会现象,阐述了日本人亲近『依赖』情感的事实。

**土居健郎**(1920~2009)

精神科医生、精神分析师。毕业于东京帝国大学医学院。留学美国,曾任圣路加国际医院精神科主治医生、东京大学医学院教授等。

## 25 / 《依赖心理的结构》

依赖心理有两种,健康的依赖心理与病态的依赖心理。

**正确理解"依赖"的结构**

"日本的社会问题就源于依赖的结构。""那个组织,就是依赖的结构?""你这态度,就是典型的依赖的结构。"……

我想大多数人都听到过同样的对话。这些对话中都出现了"依赖"的结构。

就算不知道对话的前后文,但也可以想象说话人对"依赖心理的结构"持否定态度。在上述对话中,不用"结构"这种文绉绉的表达,将依赖的结构改成"依赖的体质",或许说话者的意图会更加明确。

"依赖心理的结构"这个词汇出自精神分析师土居健郎于昭和46年(1971)出版的著作《依赖心理的结构》。原本是书名,是专有词汇,后来作为普通名词使用。

如上所述,"依赖心理的结构"一词,一般都被作为否定性的负面词汇使用。因此,想必很多人还未阅读土居的这部著作,仅看到题目就想当然迅速下判断,认为"原来如此,这是一部对日本人依赖心理的结构进行分析和批判的书"。

然而，如果思考就此打住，便不可能理解土居的真正意图。

根据土居的定义，依赖指的是在人际关系中，依靠着对方的好意而行动。换言之，以对方对自己怀有好意为前提，表现出顺应好意、恰如其分的行为。

若按照上述定义，那么，人要产生依赖心理，必须一开始就知道对方对自己怀有好意。

另外，依赖的主体没有自我意识，是极其自然地依靠对方的好意而行动。因此，其中并不含利用对方的好意刻意钻营这样理性的判断。而是根据自己的经验体会到对方的好意，总之是在不知不觉中产生了依赖心理。

开始懂事的婴幼儿对母亲做出的行为，可以说就是依赖的原型。母亲对婴儿展现出无尽的爱。进而婴儿也在不知不觉中开始期待母亲的安抚。试想一下，一旦母亲拒绝婴儿一切依赖心理和行为，结果将会怎样？那么婴儿根本不可能发育健全。

土居指出，长大成人之后在建立新的人际关系时，这种依赖的心理依然存在。据此，土居认为，依赖心理在人类健康的精神生活中扮演着不可或缺的角色。

另外，土居指出，找不到任何一个能准确对应"依赖心理"的外语词汇，将依赖心理作为一个概念并将其语言化的日本人应该感到无比自豪。

那么，就像书中一开始说道，作为一种普遍存在的心理倾向，为何人们总是强调"依赖心理"否定的、消极的一面呢？问题的关键在于依赖具有两面性。

这样看来，对于依赖心理，土居没有持丝毫的否定态度。

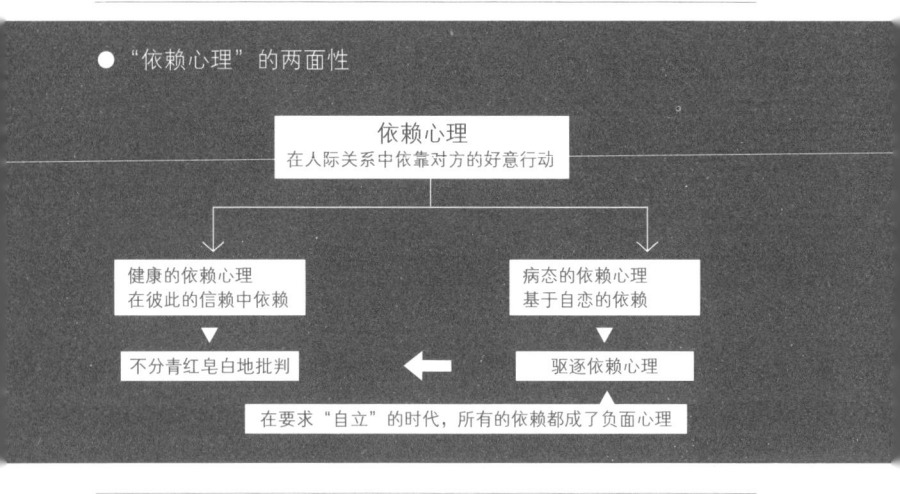

---

● "依赖心理"的两面性

```
                      依赖心理
              在人际关系中依靠对方的好意行动
                         │
            ┌────────────┴────────────┐
            ▼                         ▼
      健康的依赖心理              病态的依赖心理
     在彼此的信赖中依赖            基于自态的依赖
            │                         │
            ▼                         ▼
    不分青红皂白地批判    ◀──     驱逐依赖心理
                         │
            在要求"自立"的时代，所有的依赖都成了负面心理
```

---

健康的依赖心理，病态的依赖心理

在相互信赖的人际关系中，不知不觉产生的依赖心理是极其健全的，而且是人类生活中不可或缺的。土居在《续依赖心理的结构》中将其称为"健康的依赖心理"。

与之相对，在人际关系缺乏相互信赖的情况下也会产生依赖心理。比如，如果母亲在婴幼儿时期总是拒绝孩子的依赖，那么孩子可能会心怀"怨恨"或"嫉妒"。可以说这种情感发展下去，很可能演变成青年性爱、家庭暴力、反社会性的原因之一。这种情况下，怨恨和嫉妒相当于是扭曲的依赖。

又或者，从圣德太子的时代开始，日本人就奉行着"以和为贵"[①]的信条。然而，在自己所属的集团中，如果形成了相互依赖相互宠溺的关系，则难免被批评"纵容自己人"。

上述两个例子都是"依赖心理的堕落"。区别于"健康的依赖心理"，土居将这类型堕落的依赖称为"病态的依赖心理"。就此，土居如下写道。

"全国上下弥漫着一股否定依赖心理的风潮。于是，病态的依赖心理开始在街头巷尾泛滥。变成这样的主因正是因为驱逐了健康的依赖心理。可是，一般人很难理解这一点。"[②]

翻开报纸，每天都能看到各种不可思议的犯罪报道。如果大家认为这些犯罪背后，与丧失"健康的依赖心理"有关，那么土居的著作一定能提供一些有用的提示与启示。

另外，阅读本书时，建议与《续依赖心理的结构》一书组合起来阅读。因为土居自己也曾指出，续篇补足了前书的诸多不足。

---

[①] 圣德太子编写的宪法十七条的第一条开头语。重要的是不与人发生冲突，要保持和平。
[②] 土居健郎《续 依赖心理的结构》（弘文堂，2001年）P118。

**掌握要点**

"依赖心理"是人类健康的精神生活中不可或缺的东西。

依赖心理分为健康的依赖心理和病态的依赖心理两种。现在处于病态的依赖心理驱逐健康的依赖心理的时代。这一视点是解锁现代社会的一大关键。

# 外国人眼中明治时代的日本

巴泽尔·贺尔·张伯伦
（Basil Hall Chamberlain）

## 《日本事物志》
日本文化的百科全书，也是了解明治文化的资料

受聘来到日本的外国人巴泽尔·贺尔·张伯伦是一位著名的日本通。他精通以古今和歌集为代表的日本古典，甚至会自己创作和歌。这位知识渊博的张伯伦引以为豪的著作便是这部《日本事物志》。

张伯伦的《日本事物志》是收集关于日本人、日本社会以及日本文化的关键词，并加以解说而成的著作。

出版于明治23年（1890），之后一直到昭和10年代（1935~1944），在多次再版中，内容变得更加充实。因此，本书成为了理解明治中期之后日本文化的百科全书。

之所以称之为"百科全书"，是因为该书按照字母顺序列举项目，对内容进行解说。

比如，让我们一起来看看第一个登场的项目。令人意外的是，第一个项目竟然是"算盘"，这是因为算盘的英文为"Abacus"。

"如果知道如何使用算盘（日本人称为soroban）算账，那么买东西的时候大多会非常划算。算盘是将小木棍固定在木框上，串在小木棍上的珠子可以自由滑动的一种工具。我们小时候会使用这个工具学习乘法。在日本，不仅是孩子，大人也常使用算盘。"

大致就像这样，一一解说各个项目。每个项目的解说篇幅页数不一，有的甚至接近十页。

再一起来找找书中比算盘更具明治时代风情的项目。比如，翻开"铁道（Railways）"的项目，解说的内容如下，

"日本人待在自己国家固有的风俗习惯中时，衣冠打扮真的是非常整齐。然而，一旦置身于西洋风的生活状态中，虽然不至于肮脏，但却会变得非常邋遢。就算是在一等车厢内，只要一走进去，常常看到的是满地的橘子皮、洒满一地的茶渍、烟蒂和翻倒的啤酒瓶等，必须从这些垃圾的缝隙中小心翼翼地通过。"

张伯伦继续写道，服装挺拔的日本陆军将领，丝毫不顾及旁人的眼光，在车厢类脱光所有衣服换装。

在列车车厢内换衣服等，现在看来简直是无法想象的文化。然而，说不定百年之后，那时的人们也会觉得在车厢里化

妆的人非常奇怪。

另外，值得注意的是"名字（Names）"的项目。书中写道，"日本人拥有一个以上的姓氏，一个以上的洗礼名（或者应该称作异教名）"，并列举了名字的种类。

张伯伦列举的名字种类包括"姓""氏、名字""俗名、通称""自称、实名""乳名""字""号""俳名、雅号""艺名""赠名（谥号）""法名、戒名"，共11种。

大家能说出每种名字的具体意思吗？如果说不出来，或许可以读读张伯伦的《日本事物志》寻找答案。

## 书籍介绍

《日本事物志》

巴泽尔·贺尔·张伯伦著，高梨健吉译
平凡社（1969年）
※文中引用内容出自该书。

### 作者

**巴泽尔·贺尔·张伯伦**

（1850～1935）
英国的日本研究家。明治6年（1873）来到日本，在东京帝国大学等校任教。精通日本古典文学与和歌。

# 后记 —— 精读日本文化的建议

读完这本《速读日本文化》,大家感觉如何呢?

我想大家已经对25部日本文化论有了大致的认识。这样的话,正如"序言"中所写,为了能发展性地应用本书进行延伸阅读,请大家"再向前迈出一步"。迈出这一步时,至少有两条路可以选择。

第一条路就是,如果对书中列举的领域和书籍感兴趣,可进一步进行深入研究。

本书对于列举出的书籍都仅限于概要内容的介绍。因此,请大家将原书全部内容都通读一遍。

另外,本书介绍的都是极具话题性的著作,也因此有不少针对这些作品的各种批判。建议大家把这些批判的观点也都研究研究。这样一来,应该会对自己感兴趣的领域或书籍有更深入的认识和理解。

这些批判主要出现在学术场合中，因此，如果你是学生，读完本书后对特定的书籍或领域感兴趣的话，那么选择走第一条路是个不错的选择。

虽说如此，一般的社会人士大多与学术的世界无缘。那么，应该怎么办呢？

如果这样的话，建议可以从第二条路迈出这一步。

第二条路就是，当有话题性的日本文化论问世时，除了理解其内容之外，可以进一步探讨这部日本文化论之所以会引发广泛讨论的背后原因。

文化人类学者别府春海曾说过，日本文化论可以分为两类，一类是作为学术论文的日本文化论，另一类则是作为大众消费品的日本文化论。

根据别府的说法，一般而言，我们想要知道日本与美国有什么不同？日本与中国又有什么不同？文化论正好能满足我们的这一求知需求。因此，别府认为，日本文化论是满足大众需求的"商品"，也就是大众消费品。

如果真是这样，引发社会广泛讨论与关注的"日本文化论=大众消费品"已然成为最能满足大众需求的东西。

之前提到的别府，对于作为大众消费品的日本文化论曾经明确说过，"要了解大众有怎样的需求？也就是说通过市场调查，写出符合大众期望的东西即可。"（《增补版 作为意识形态的日本文化论》思想科学社，1987年，P33）。

的确，如果是如此清晰明了的日本文化论，那么读者反而可以将这些日本文化论作为理解大众需求的工具。

想来，如果日本人今后依然以边境人的身份继续生存下去的话，就如同触摸"黑暗中的象"一般，今后也必将不断有新的日本文化论问世。

对新提出的日本文化论进行批判也非常重要。然而，摸到象脚的人对摸到象鼻的人进行批判，这不会有半点帮助。至少我不打算参与这种无意义的讨论。

比起这样的批判，我更期待有更多的从不同观点和角度阐述的日本文化论问世。

然后，思考这种日本文化论被大众接受的背景。

上述就是所谓"精读日本文化论"，正是我建议读完本书后读者们可以迈出的第二条路。

接下来，请思考一个问题。

本书《速读日本文化》出版的背景是什么呢？

对于这个问题，如果你已经能提出自己独特的见解，那么显然，你已经迈出了走向第二条路的第一步。

最后，向在本书执笔时，费心担任主编的大久保乔树先生致以诚挚的感谢。

另外，关于本书内容的一切，责任都归笔者。若内容有瑕疵，由笔者全权负责。

笔者写于神户元町

2015年3月